U0024966

謹將此書獻給我敬愛的師父～
奧修和上淨下空老法師

序文

文字的可貴在於「文以載道」，塔羅牌的價值在於使用它來「承載真理」。

我的啟蒙老師曼格拉說：塔羅牌是提升個人意識的工具。塔羅牌像一面鏡子，反映出內在深層或許不為你知曉的一面，所以，透過塔羅解讀能幫助你了解自己和幫助別人。

奧修禪塔羅跟其他塔羅牌不同之處在於它有「禪味」，如「空」、「轉入內在」、「超越幻相」、「覺知」等，這些都是往內看，往內走的牌。佛經上也說：「若人識得心，大地無寸土」、「一切法由心想生」都強調要明白我們這一顆心，因為一切都是這一顆心創造出來的。所以如果你想改變命運就要從源頭開始，而奧修禪塔羅就是陪伴你往內看往內修的最好的工具之一。

前言

　　奧修禪塔羅總共有79張牌，如果想要了解每張牌的意義，除了「奧修禪塔羅」之外，還有一本「生命的遊戲」是奧修禪塔羅的補充資料。奧修師父就像是一位詩人，他談的是意境，奧修師父能夠透過文字把你帶入境界裡。

　　奧修禪塔羅也是一組塔羅牌，它必須讓使用者在抽牌解讀時，能夠讀出牌所要傳達的訊息，但有些牌的含義既深且廣，很難給它下一個簡單的牌義，但如果沒有牌義跟牌陣，初學者就沒有辦法學習。於是我閱讀了「奧修禪塔羅」和「生命的遊戲」中對每一張牌的解釋，然後再用我所了解的加以說明，並定下牌義。

　　第三部分「這些牌的意義」，每一張牌以「事」與「理」的交織來呈現與說明。因每一件「事」都含藏著「理」，而每一個「理」都能顯化為「事」。因此，透過日常生活小事，你將更容易了解牌的涵義。

　　本書的牌陣引用「直覺式塔羅牌」一書裡的牌陣，你在其他書上找不到的，因為它們是為了提升意識而設計的。當你越來越熟悉這種牌陣，你會發現透過這種方式解牌，能使你在讀牌中有很深入的了解。有了牌義與牌陣，你在使用這一組牌時，就如魚得水的容易多了。

　　如果你對79張牌已有相當的了解，對塔羅牌也有相當的基礎，可以直接翻到「這些牌的意義」所列的牌義及處在不同位置的解讀，來抽牌解讀。

　　至今，塔羅教學已近20年，這過程中，我經歷了教學與解牌上的瓶頸，而存在就像母親般的回應我的呼求，引領我去學習儒學與佛法，使我在奧修領域的根基下，擴展深度與廣度。儒學與佛法不但豐富了我的教學內容，更帶給我在解牌上清晰與透徹的洞見。而且早在1970年代英國歷史哲學家湯恩比博士就強調，要解決二十一世紀的社會問題，唯有中國的孔孟學說與大乘佛法。所以，這本書除了以奧修思想書寫外，也加入儒家與佛法。

學員們對課程的分享與感言

「要活出塔羅奧義，需聆聽上古訊息，來超越認知的狹隘，不斷迎接生命十字路口的抉擇，更要從亂世中活出聖火般的自己。老師的書，一直是我必備占卜的指南書，更為專業塔羅師，提供寶貴的指引。」── 姬娜／塔羅師。

「感謝與老師學習塔羅的緣分，讓我體悟臣服之道，愛上塔羅智慧的引導。」── 鄭妍馨／和諧粉彩指導師。

「塔羅課程的薰習，在多年之後，仍在我身上發酵。謝謝老師帶給我最深的鼓勵，給我勇氣、持續向內踏實成長！每每憶起老師穩健平和的語調、深達人心的指引，都讓我謹記初心，務必謙卑的做為一個管道，來為有緣之人服務。感謝這份學習的因緣，為我帶來實修的典範，成了我開始體認覺察與感受臨在的起點！真是非常感恩！」── 陳毓欣（星蒂）／身心靈圖卡陪談與占星師

「因塔羅與靜心的接觸，體驗從外在的紛擾回到內在此時此刻 "在" 的品質。困惑時，有智慧的指引，幫助了自己也幫助了別人，是我心靈的糧食，謝謝與老師的這份緣……」── 洪春美／自由業

　　「當我遇上難解的問題來抽奧修禪卡時，總是會有「啊！原來」，在心裡有一股聲音迴蕩著，原來生命的答案早在心中，只是藉著禪卡悟出了智慧，而適惠老師是最適切的從彼端到這端的帶領者，感恩有此因緣能跟老師學習奧修禪卡，並沈浸在其中的智慧。」──陳品榕／教學自由工作者

　　「老師教授的奧修禪卡，運用直覺式塔羅牌一書中的三張牌陣，解牌時不僅融入奧修師父的智慧，還巧妙結合佛教經典和儒家思想，賦予每次解牌更深的涵義；這樣的教學風格讓我們的抽牌體驗超越了預測，成為一場深刻了解自我的心靈之旅。感恩奧修師父的啟發，同時也感謝老師的悉心教導，為我們帶來了寶貴的生命指引。」──艾蜜麗／律師

目錄

如何使用這本手冊

這本手冊由五個部分組成：「向內的旅程」、「學習的關鍵」、「這些牌的意義」、「牌陣」和「真實案例解說」。

初學者，我建議先閱讀「學習的關鍵」，當你了解學習的方法之後，你不需要把「這些牌的意義」全部閱讀完，或死記牌義，我倒比較建議你從「寓教於樂」這一篇的方法中學習，從「玩」中學，從學中「玩」。當你對這些牌的意義有初步認識之後，再把「牌陣」帶進來，三張牌解讀法，分別代表頭腦、忠告、結果的位置，搭配你所抽的三張牌，你如何串連它們，使它們構成一句有意義的話或格言或一個故事。花一些時間在這個部分的練習。等你熟悉如何串連它們，再把「提問」帶進來，案主提問什麼問題、你選擇什麼牌陣、案主所抽的牌及你如何解讀，這個部分你可以參考「十七個真實案例解說」。以上，是我對初學者學習歷程的建議。

已熟悉塔羅解讀的人，可直接參考列在「這些牌的意義」的牌義及該張牌出現在頭腦、忠告、結果不同位置的解讀。

本書的「牌陣」是引用「直覺式塔羅牌」書中的牌陣，這些牌陣是獨一無二的，你在其他書上找不到，因為它們是為了提升意識而設計的。你需要先熟悉每組牌陣，每一個位置所代表的意義，尤其是十三張牌，解牌之前，你要先熟悉「魚示圖」的解牌順序，因為透過這種方式解牌，能使你在解牌中有

很深入的了解，之後，當你越來越熟悉你的牌及牌陣，就有越來越多深層的意義會呈現出來。

　　真實案例解說，當你閱讀案例時，如果你有牌，把它們排列出來，讓圖象與顏色說話，再按照書中的解牌順序走，這樣你很快就會學到解牌的訣竅。

第一部分　向內的旅程

你必需「生出」你自己

　　父母給予你第一次的出生，而第二次的出生只有你自己能夠給予你自己。第二次的出生意謂著你對自己的認知來自你自己而非來自別人，第二次的出生意謂著你透過自己領悟到的真理來生活；你用自己的光，照亮你自己。

　　在靈性的領域裡，別人的經驗無法成為你的經驗，別人的真理無法成為你的真理，你必需透過你自己去經驗它們，透過你自己的經驗來了悟真理。奧修經常提到一些很美的現象，像是敏感度的成長能幫助你發展出你與樹木的友誼、你與河流的友誼、和你與小鳥之間的友誼，這些發展出來的友誼能讓你感到真正的富有，它不是因為你擁有什麼而富有，而是你感到你與存在是一個整體而來的富有。如果你不曾有過這些經驗，那麼你就無法了解，但一旦你經驗到了，你就再也不一樣了，對你而言，它不只是一個經驗，它更是你內在的成長。所以，真理並不是一種概念，真理是一種生活方式，真理是一種存在狀態。別人的真理可以是一種慈悲的喚醒，喚醒我們自己看不到的潛能，喚醒我們毛毛蟲可以蛻變成蝴蝶的潛能，但那個蛻變的過程，那個「出生」的旅程是絕對向內走的，是絕對單獨的旅程，除了你自己，你無法依靠別人。

尋找你自己的路徑

　　你需要去尋找能夠到達你自己本性的路徑，你的獨特性及特質有特別適合你自己的靜心，所以，你需要去嘗試各種不同的靜心，然後看看那一種方法特別適合你。一般來說，凡是讓你感到容易的、喜歡的、能夠踫觸到你內在的靜心，就是適合你的。

　　根據我個人的經驗，你喜歡或感到容易的靜心與你自己脈輪有關：如果你是一位心輪比較敞開的人，那麼你會喜歡與心有關的靜心；如果你是一位第三眼比較敞開的人，那麼你會喜歡與精微能量有關的靜心。去找到目前適合你的路徑，然後你就去深入它。有時候，你會用好幾年的時間去深入一個靜心，有時候，你會喜歡上以前你所不喜歡的靜心，不論如何，這個過程會因為你個人的成長而有許多不同的變化，你就跟隨著那個變化走，先找到適合你自己的路徑 — 靜心，然後你就去深入它。大致上來說，這個過程是由不安的走向沉穩的、由粗糙的走向精細的、由表層的走向深層的，它是逐漸走向你自己本性的旅程，你的本性是喜悅、寧靜、慈悲、單獨、愛……，這些禮物是給那些願意在自己身上下功夫的人。

打好你的基礎 ─ 紮根

　　我非常喜歡樹，每當我靠近樹時，我的丹田就有一種莫名的高潮感。當我看著樹根深入泥土，緊緊的紮根於大地時，我的心裡就有一股滿足感，然後，我可以感覺到我腳的能量不自主的深入泥土，像樹根一樣紮根於大地。我喜歡去觸摸一棵樹中的最後一片葉子，並試著去感覺它跟樹根的關係，因為，它就如同我跟整個存在的關係，存在是我的根，我又是整個存在中一個獨特的個體。

　　如果你跟我一樣屬於上面的脈輪較下面的脈輪開啟的人，那麼你就要好好學習如何根植於大地。紮根意謂著處在當下的能力，並同時能感知你周遭的發生，它意謂著，不論外在如何發生，你都要有處在身體裡的能力（處在身體裡才能處在當下）。紮根不夠的人，會經常出現魂不守舍或出神的情況。

　　以下簡單介紹紮根的方法：

　　雙腳與肩同寬的站立著，眼睛閉上，先做幾個深呼吸，感覺身體上有那些地方是緊繃的，把呼吸帶到緊繃的地方，並告訴身體放鬆下來，你會照顧它，然後再做幾個深呼吸，把注意力帶到你的雙腳，感覺雙腳根植於大地，再把注意力帶到男性在第一脈輪，女性在第二脈輪，然後，男女性各從不同的脈輪射出寬約4-6吋的光束或螺旋光束（你可用你喜歡的顏色的光束）往地心前進，直到你感覺無法再前進為止，再將光束攀住地心的岩石，這就完成紮根的工作。你可以一日練習數次，待你熟練以後，每日只要紮根一次就足夠了。

信任與冒險

　　當你開始走向內在的旅程，你會踫觸到一些你所不熟悉的現象，你會開始感覺到身體上精微能量的變化，你會經驗到你是同時存在於多次元空間的一個事實，你開始走出一向你所熟悉的物質世界，並探索著你自己更大的一個整體。

　　在向內走的過程中，有些人會害怕他不曾經驗過的經驗，害怕是否真有黑暗勢力的存在，害怕未知等等，有許多他認為應該要害怕的理由。回顧我在心靈成長的道路上，親身經歷許多奧妙的經驗，包括光的上師、前世師父的造訪；高次元能量體的回應與擁抱；低等星光體訴說著自己可憐的際遇；在空間中游離的情緒體、思想體；自己身上能量體的變化和無意識的穿越千里與中東男子四眼相對的靈視經驗，但不論這些經驗是什麼，對我而言，它們就只是一個「發生」，這些經驗的發生並不會影響我偏離正道去追求神通，也不會阻礙我繼續前進，我心理非常清楚自己的方向，除了三摩地，我別無所求。所以，我不跟低等星光體（鬼道）打交道，因為他們對我的靈魂進化沒有幫助。只有貪念和希望從某個存在體那裡獲得超自然能力的想法才有黑暗勢力的存在，沒有這些貪念，就沒有黑暗勢力的存在，因你並不向外求取什麼，你純然只是向內走去尋求自身的圓滿。但如果在某些情境中讓你感到不安，你覺得需要支持的話，我的做法是，呼求奧修師父、守護天使與我同在、或念咒語或佛號來保護自己。

其實，愛是全宇宙力量的泉源，如果有需要，你也可以對焦於祂並請求協助。你要相信，你是被呵護著，全宇宙屬光的並事奉神聖計畫的守護天使全都支持著你靈魂的進化，你並非一座孤島，孤零零的被遺棄在一個無情的宇宙裡，有許多守護天使致力於你的進化，並透過參與你的進化來學習他們自己的課程。

「業」的趨策力

你之所以在這裡，有你需要在這裡的理由，你之所以在這裡並非偶然。每一個存在體都朝著自身的圓滿而進化著，於是藉由人生一再重複的際遇，讓我們看見自己無意識的模式是如何創造出相同的事件。生命透過外在具體的事件來反映出內在不為我們自己所知的無意識狀態，於是，透過每一個外在事件的發生，便有可能成為內在蛻變的一項祝福。

你創造了你自己的實相

你並非如你自己所想像受制於外在的環境、際遇、命運，實際上，是你自己創造了它們。每一個思想、情緒都有它們自己的能量磁場，你以什麼樣的能量磁場來建構，你就得到什麼樣的外在實相。所以，如果你並不滿意你目前所處的外在實相，那麼你有意識的思想就是最佳線索，它能夠引領你去發現你從不曾留意的信念，透過審視它們，你就可以進行你自己命運的改造工程。

第二部分　學習的關鍵

如何學習每一張牌的牌義

　　奧修禪塔羅共有七十九張牌，每一張牌都以顏色、圖案、數字、符號、象徵圖象等來傳達某一特定訊息。那些圖象是有能量的，它能跟你內在的感覺，或者說是直覺有共鳴。因此，當你拿到牌時，先不要急著去看書，花二到三天的時間跟牌相處。當你在看著牌的同時，說出你所看到的及你所感覺到的，不要去擔心說的對不對，只要帶著遊戲的心情去做它，你將會發現，當你說的愈多，你就懂的愈多。同時你可以試著去猜猜看，這張牌它想表達什麼。有些牌你會特別喜歡，你很容易可以融入圖象裡，並且知道它想要表達的意思。而事後，當你查看書時，發現某一張牌的牌義與你的感覺相契合時，那是非常有成就感的。如你感覺不到牌它想要傳達的訊息時，也不要氣餒，那只是你目前內在狀態的一個反應而已。有些牌，你會特別不喜歡，那也表示你可能不喜歡你自己內在這個部分的特質；在學牌的過程中，有些牌你會學得特別快，那表示這能量狀態是你所熟悉的，或有覺知到的；有些牌你會學得特別慢，學了又忘，忘了又學，要學好幾次，你才記得，那表示該牌的能量狀態是你不熟悉的或是在你的意識上比較模糊不清晰的。在學牌的過程中，奧修禪塔羅如明鏡般的反應出你內在的狀態，透過學習禪塔羅，你也已開始使用它來探索你自己了。

　　此外，多數學習禪塔羅學員會面臨的難題，是如何記住七十九張牌的牌義。在這裡可以告訴你一些聯想的技巧，讓你能快速且不必死記牌義的方法。既然每一張牌是透過顏色、圖案、數字、符號、象徵圖象等組成，來傳達某一特定訊息，那麼，當你在學習每一張牌的牌義時，你是否可以從牌的組成元素中與牌義間去取得一個聯想。例如，制約這張牌，一隻獅子被繩子綁住，以致於力量被限制住了，它的牌義是，被什麼限制了；又雷電這一張牌，一座塔被火燒毀，代表什麼東西瓦解了；又道德律這張牌，胸前有欄框並打了很多結，袖子是完美的，但手卻被綁死，代表死守在對錯中，而不知變通等等。你可以用你自己聯想的方式，只要你容易記得的就對了，用這種聯想方式，即好玩，又好記，因為你是在「看圖說故事」。

　　在本書的附錄一，將列出七十九張牌的牌義。基本上，你需要去記住每一張牌的牌義，而且，在案例解說中，會再一次的列出每一張牌的牌義，以方便讀者了解案例的解說。

　　除了在理性層面了解牌義外，讓牌深入你的生活經驗也是很重要的。如果每一張牌都是你生活經驗的一部分，每一張牌都是你透過生活去活過的牌，那麼，當你在讀牌時，你將能深解牌義，因為這些牌已是你生活經驗的一部分，你能夠很活生生的去敘述牌所要傳達的意義。

記得在我學塔羅牌初期，有一天晚上，我在廚房洗碗，一邊在想事情時，突然間有一張牌進入我腦海裡。當時我並不以為意，以為自己是在胡思亂想，後來曼格拉老師告訴我，這是學塔羅牌很好的經驗，因為你可以藉此去探索此時你與牌之間的意義。

所以，在日常生活中，如果無意間想起一張牌，或腦海中跳出一張牌，我會思考一下、感覺一下，這張牌與我目前當下的思緒、感受、處境有什麼關聯；有時，當我在閱讀書本或報章雜誌時，有一些敘述非常美，且讓我覺得跟某一張牌有共鳴，我知道這個敘述是在講某一張牌，那麼在下次讀牌時，我就會使用這些豐潤的文字來解說牌義。

每日單張牌的連結

每天一張牌的靜心冥想或每天一張牌的生活體驗，均是培養以實際感受與經驗來與牌做連結的學習方法。

每天一張牌的生活體驗是在前一天晚上或當天早上抽一張牌，先感覺一下這張牌的感覺及牌義，然後你就去上班。在這一整天中或許你不會再想起這張牌，但你仍要把它養成一個以經驗來連結牌義的習慣，或許有一天你會體會到當天的經驗與你所抽的牌之間的關連。

照照心靈的鏡子

　　十三張目前生活解讀法，是我常用，也鼓勵學員用它來學習與牌義連結的好方法，它的好處是，牌能顯示出你已知的狀態，又借由你已知的狀態來了解牌義，這叫做透過生活經驗來了解牌義，它比你死記牌義要來的深刻。但你必須先記住十三張牌的牌陣以及它們所代表的意義。

　　這個牌陣有十三個位置，分別代表生活各個不同面向，一號牌，代表你的觀點，你以什麼樣的觀點來看你的生活；九號牌，代表頭腦，什麼事情佔據了你的頭腦；十三號牌，代表綜觀，顯示你正在經歷的旅程、要走向何方、或正在處理的問題或是什麼支配你生命的方向，這三個位置是你意識上清晰的，所以透過抽牌解讀，你能以自己的親身體驗來了解牌義。另外二至七號牌，也一樣具有相同的學習效果，所以照照你的心靈鏡子，也是學習記住牌義的好方法。

寓教於樂

　　從「玩」中學，從學中「玩」。在學習解牌的過程中，學員比較擔心的是解錯牌和不知如何解牌，這種擔心和害怕往往造成學習的障礙。這讓我想起古人在休閒娛樂中加入忠孝仁義的教化，以戲曲和音樂來達到移風易俗的作用，例如，古代的戲曲中，演出包青天公正無私的愛國愛民的故事；還有以漫畫來說明老子的道德經，這些都是寓教於樂的學習方法。適惠也把這種方法帶入塔羅的解牌中，這方法對初學的解牌者有很大的幫助。

　　做法是隨意抽三張牌，查看它們的牌義，你可以把這三張牌，當做三個素材，連連看，是否可以把它們串成一句有意義的話或格言，或是編成一個故事，以遊戲的方式來解讀他們。你要常做這樣的練習，它對你日後讀牌會有很大的幫助。

奧修禪塔羅的結構

奧修禪塔羅共七十九張牌，其中二十三張是主牌，五十六張是副牌。

主牌代表人類心靈成長的歷程，是靈魂進化的旅程。由無知至醒悟。副牌又可細分為四組，分別是火牌、水牌、雲牌及彩虹牌。每組各十四張。

火牌代表生命力、能量的各種不同使用狀態，屬能量層面，屬性為火。

水牌代表情感、情緒的各種不同使用狀態，屬感受層面，屬性為水。

雲牌代表頭腦的各種不同的使用狀態，屬理性層面，屬性為風。

彩虹牌代表身體物質的不同使用狀態，屬實際層面，屬性為土。

風、水、火、土既是宇宙存在的四個元素。

主牌是有關人類心靈成長的旅程，它依我們多麼有意識而進化著，它是階段性的邁向成熟的發展。

副牌則需要我們在這四種能量上有平衡的發展；如果頭大（雲牌），而身體小（彩虹牌），這將是思想的巨人，行動的侏儒的寫照。反之，如果行動力強，而沒有頭腦來做規劃，則不免衝動行事。

如果情緒很多（水牌），而沒有加入頭腦來了解（雲牌）、行動力來做紓發（火牌），那將會是個情緒化的人。

如果把奧修禪塔羅以人體的架構來說的話：主牌是靈魂，代表靈魂進化的旅程。雲牌是頭腦，代表理性。火牌是右手，代表行動力。水牌是左手，代表情感，彩虹是身體，代表身體和物質，它們之間彼此融入為一個整體。我們需要頭腦來思考、計劃，需要行動力來執行、完成，需要情感來滋養，需要身體物質來落實身心的安頓，缺一不可。

奧修禪塔羅的實用性

禪塔羅是一個很實用的工具，你可以帶著你的問題來抽牌，而牌通常不會給你是或不是，好或不好這類簡單的回應，讓你什麼事都不用負責、什麼事都不用做。相反的，它像一面清澈的鏡子，如實的反應出當下我們內在的狀態。所以當我們在面對問題的同時，也正是很好的機會來面對我們自己，如果你願意給予你自己勇氣不選擇逃避，那你將開啟探尋自己內在旅程的道路，而禪塔羅是你在探尋旅程中可以相伴的良師益友，因為它總是在必要時給予閃電般的洞見。

禪塔羅如何運用在生活上：

1. 當我們要決定某件事情的時候，會擔心、害怕自己的決定對不對，這時候可以來抽牌，牌可能會支持你的決定也可能會給出不同的意見。

2. 當我們對某件事感到困惑而想要有一個清楚的了解，這時候可以透過抽牌來協助你看清楚真相。

3. 在關係中（男女朋友、夫妻、親子、同事、朋友等等）遇到問題時，可以透過抽牌來了解在互動關係中的障礙、問題及對方在參與這個關係中的狀態。

4. 還有更多更多......。

　　把生命中每一個事件當作是協助你發展自我覺知和自我成長的契機，然後看看禪塔羅給出什麼忠告、建議以及在這件事上，你可以做什麼或覺知什麼，對你而言是最佳狀態。最後，不論你是否採用禪塔羅所給予的建議，你都要為你自己的選擇負起責任。

奧修禪塔羅準不準

　　在一次塔羅牌的示範課程中，有一位學員提出這個問題。我認為無論我告訴他準或不準，他都不會相信，因為來自任何人的答案都無法滿足他，唯一的途徑是他親自去經驗、去參與，然後透過他自己的經驗來給他自己答案。

　　我邀請他，先暫且把準或不準擺在一旁，因禪塔羅是協助你成長及提升意識的工具。先敞開心胸，然後看看禪塔羅如何反應出你頭腦的想法及它給出了什麼忠告及建議，而這些忠告及建議，對你而言，有特別的意義嗎？深入的去咀嚼，你將獲得很多。

你的塔羅日記

　　塔羅日記是記下你或個案每次隨問題所抽出的牌，然後隨著時間和次數的累積，你會看到你自己或個案在意識上的成長和你在解牌上的進步。

第三部分　這些牌的意義

第一章　主牌

師父

牌義：對師父的教誨依教奉行

圖象

　　師父頭頂上的圓光是智慧之光．就像佛像頂上圓光一樣，代表智慧。師父代表具有智慧的人。

內涵

　　所謂「師者，所以傳道、授業、解惑也」。師父的天職就是為我們講解宇宙人生的真相，解除我們的困惑，讓我們能夠幸福快樂的生活。如果你能在世上找到一位師父，那很好；如果不能，可以找古人為師，以經典為師。師父的功能好似一座橋樑，位於佛與你之間，他用盡一切辦法，讓你走向成佛。你是種子，師父是花朵，師父的功能是誘發這顆種子開發潛能，認識自己的潛力，朝向成佛之道。

　　成佛的修學次第是「信解行證」。師父常常扮演起信的作用。所謂信為道源功德母，長養一切諸善根。有信，才會想要深入了解，而真正的了解能引導我們去落實，從落實中，才能

契入境界。所以，師父的功能在起信及解惑。師父引進門，修行在個人。行證要靠個人去落實真修。在行證當中，又會有小悟，這些小悟又更加深了你的信解。信解幫助行證，行證又回過頭來幫助信解，也就是說，在朝向三摩地的過程中，如果你能經歷到三托歷（短暫的品嚐到成佛的滋味），那麼，你修行的方向大致上就篤定了，因為經驗會加深你的信心。師父也能觀機，知道門徒的根機並給予適合的學習方法。

當這張牌出現在：
頭腦：你在想著師父的行為或話語，或想與師父有連結。
忠告：師父告誡你，一切法從心想生。一切福田，不離方寸，從心而覓，感無不通。財富由財布施而來；智慧由法布施而來；健康長壽由無畏布施而來。你想求得的一切，都可如理如法求得。現在，傾聽你內在的指引，讓直覺引導你去看師父的書，而你翻開的那一頁，正是師父要給你的話語。
結果：師父說借來的知識，永遠不是你的。你要去經驗它，深入它，讓它深入到你的血液，深入到你的骨髓。你一定要去落實師父的教導，才能獲得利益。

0傻瓜

牌義：信任聖賢的教誨、信任、自由、自發性、給自己空間、天真

圖象

　　在黑夜的星空下，傻瓜誕生了，從他的穿著，我們知道他是攜帶著豐沛資源來的：白色袖子代表清淨無染的心地、地水火風四種顏色的衣服，代表攜帶著各種智慧與能力、綠色褲子代表創造力、紅色鞋子代表熱情。傻瓜攜帶著這些資源，信任地看著星空，冒險的跳下那個未知的旅程。手上的花代表希望與達成，那是他此生的目的。

內涵

　　除了師父之外，傻瓜是主牌的第一張牌，代表無知，但當他走過整個心靈成長的旅程又回到這張牌時，代表醒悟。從無知到醒悟，這個過程有三個階段：一是斷惡修善，二是染淨不著，三是去妄證真，後者難於前者。

　　第一階段是斷一切惡，修一切善。可以以「十善業道經」為圭臬，目的在調伏不善習性。十善業道經相似於儒家的禮節，佛家的戒律，它是定的前方便，戒定都是手段非目的，最終的目標是開智慧。

　　第二階段是染淨不著，在斷惡修善中，不著斷惡修善的相，因所有相皆是虛妄，知識和概念都是證真的障礙，它們屬

於所知障，所以，在斷惡修善中，善惡的相都不放在心上，只要著相了，你就無法走到第三階段。

學習的第三階段是去妄證真，古大德告訴我們學習的方法是「不用求真，唯須息見」。只要把錯誤的見解放下，自然就能證入真相，傻瓜意謂著帶著信任來生活，信任師父教誨，信任做善得福，並且能依這些教誨無疑的循理而行。

當這張牌出現在：

頭腦：你在想著自由和空間，可能是想要有它。或者可能是你不想下決定，只是等著看事情自己怎麼發生。

忠告：存在鼓勵你去追求更多的自由和空間，有勇氣敞開心靈和天真的去生活。允許事情隨著當下的片刻發生。以一種沒有計畫的方式，每天過著自發性的生活是你目前生活的主軸。你可能會發覺它有點令人害怕，但它也可能是很有趣的。自發性的、未經安排的運作對你目前可能很有幫助。

結果：在目前的情況下你所能夠做的最好的事就是處於當下，讓事情自然展開。這可能需要一些勇氣來讓你自己對事情保持敞開和天真，不須計畫。

I.　存在

牌義：「在」、大我、整體、源頭

圖象

　　星空與著根於地的荷花葉代表初始的天與地，在荷葉上坐著一位裸體的女人，代表父母未生前本來面目的你。這張牌用這三個元素代表那個初始的、永恆不變的「存在」。當你是「在」的，你就能夠融入「存在」，它是你回到你內在的家的感覺。

內涵

　　存在是奧修師父常說的名詞。我以「體、相、用」來說明。

　　「體」：存在也可以說是源頭、整體、大我。

　　「相」：存在的本質是慈悲、耐心、美好、良善……任何美好的名詞都可以拿來形容。但當它被扭曲時，存在就變成了怨恨、暴力、嫉妒、殘忍……你現在的狀態呈現哪一面，就看你是被善念或惡念所影響。存在就像一枚銅幣，同時擁有善惡兩面，只看你常用哪一面。

　　一個殺人犯，因被惡念所推動，而展現殘暴的一面，但他的內在仍有良善的一面被隱藏。所以，當我們能夠以這樣的眼光去看一個惡人，我們的慈悲心就能展現出來。而教育的目的，就是在引發一個人良善的一面。

　　「用」：可分為「自受用」與「他受用」：

　　「自受用」：存在是「在」的感覺。「在」能夠讓你經驗

到你即是整體也是部份。你是那個最大的，也是那個最小的。「在」讓你經驗到外在就是你的內在，譬如，當夜晚來臨時，你經驗到你就是夜晚，你經驗到那個一體性，你經驗到存在要把它整個豐盛都倒給你。

　　佛在「楞嚴經」上，用大海來比喻存在，但我們忘記了大海，而誤認為大海上的一個小水泡是自己，直到有一天，這個小水泡破了，才知道我是大海。

　　「他受用」：我們做事情，為公眾的利益，則善；為私人的利益，則惡，存在這張牌，提醒我們要常以公眾的利益為優先。因在利他中，受益最多的是自己。

當這張牌出現在：
頭腦：你認為你著跟於事實，或者可能是想要這樣。
忠告：如果你想要跟存在融為一體，你就要走在「道」上，「弟子規」、「太上感應篇」、「十善業道經」是「道」，把它們落實在生活上，就是走在「道」上。
結果：停留在你的中心裡，然後跟實際的發生保持聯繫，只要跟事實在一起，不要顧慮你對它的意見或感覺。

II. 內在的聲音

牌義：直覺、通靈、內在的「知」、敏感

圖象

　　一張覺知的臉，介於天與地之間，她是天地之間的傳訊者。由她的第三眼延伸出一個女人的頭，她頭上頂著一個半月形的月亮，月亮代表接收宇宙中精微能量的能力。她的周圍全由月亮所圍繞。上方流水形的宇宙訊息，和下方海洋和陸地所構成的地球的訊息全由周圍的月亮所接收。海豚是海洋生物中，最善於傳遞訊息的動物之一，它們一上一下代表向上接收與向下傳遞訊息的能力。下方水晶代表清晰，它處在黑白之上，代表清晰來自超越二元對立的善惡對錯的是非判斷。這張牌代表來自更高訊息的傳達者、你內在直覺的「知」、和神通能力，它們由清淨心開啟。在其他塔羅牌裡，她代表女祭師。

內涵

　　內在的聲音指直覺、敏感、內在的「知」和內在的指引。直覺是神通的一部份，神通又是智慧的一部份。智慧是你與生俱來的，不需外求。既然智慧不需外求，神通也就不必外求。神通是由清淨心而來，當你的心越清淨，你的直覺就越強。（神通有六種，天眼通、天耳通、他心通、宿命通、神足通和漏盡通。後後高於前前，也就是說，有後面的神通力，就一定有前面的神通力，但有前面的神通力，不代表有後面的神通力，尤其是漏盡通要斷煩惱的阿羅漢才有）。六神通能突破空間維次，大大的打開你的眼界，有助於你了解宇宙人生的真

相。由此可知，有煩惱就沒智慧，所以，老子說「為學日益，為道日損」。智慧是靠放下執著而來的。

因為鬼神也有神通，你的神通是跟佛菩薩通還是跟鬼通，如何區別？如果你接收的訊息跟佛菩薩、聖賢人所教導的相應，則可以相信；如果與之相違背，則不可信。以這個為準則。

當這張牌出現在：

頭腦：你在想著直覺和通靈的力量，但是更可能的是，你相信你的直覺所告訴你的。

忠告：存在鼓勵你深入這個精微的、敏感的陰性面，去發現和信任你自己內在的聲音，直覺是無法推理的，所以你可能必須先將理性的頭腦擺在一旁，開始傾聽你內在非邏輯部分的感覺。使用塔羅牌來訓練你的直覺是一種好的方法，參加直覺或靈性成長的團體也可能會有幫助。您目前的成長繫於跟著你的直覺或精微的能量走，或是使用這方面的能量。漸漸打開你的敏感度，信任你所接收到的訊息，你所接收的訊息必須跟經典相應才可以跟隨。

結果：目前你最好是信任你自己內在直覺的「知」，你一定是知道的，否則這張牌不會出現在這裡。

III. 創造力

牌義：作為、溝通、身口意的作為、創造性的作為

圖象

　　月亮和光代表靈感來源，頭上星星代表想法或夢想，西方人認為宇宙是由風水火土四種元素構成的，花代表土；水代表情感；風代表頭腦；火代表行動力。

內涵

　　創造力也可以說是作為，可歸納為三種，身體的作為、言語的作為跟意念的作為，這三種作為都有作用力與反作用力，也就是說，要怎麼收穫先怎麼栽。

　　西方人認為宇宙萬物是上帝用地水火風所創造出來的；在東方，古大德說，「若人識得心，大地無寸土。」宇宙萬物皆由心意識幻化出來。不僅宇宙萬物是如此，我們的命運亦復如是，所以，來自天界的高靈賽斯說，你創造了你自己的實相；又零極限的作者修藍博士說，你要為你自己的境遇負起百分之百的責任，因為一切都是你自己的創造。我們每天透過身口意所造作之善惡，都會回到自己身上。同理，如果你想創造財富、獲得智慧、身心健康，那麼，依以下教理而行，就能獲得。

身體的行為有三：

一、不殺身，不可有傷害眾生的行為或念頭。不可故意講話傷害人。

善果為壽長跟健康少病；惡報為壽短及多病。

二、不偷盜，不與取即是偷。在別人沒有同意的情況下，拿取別人的財物就是偷。

善果為遠離貧窮，偷竊是貧窮的因。

三、不邪淫，不與配偶之外的人有性行為。

善果為得貞良配偶；惡報為得不隨意眷屬。

言語的行為有四：

一、妄語，講謊話欺騙人。

果報為，被人誹謗，為他所欺。

二、兩舌，挑撥是非，鬥亂兩頭，使人父子、夫妻、兄弟、朋友不和。

果報，眷屬乖離、親族弊惡。

三、惡口，講髒話，言語粗俗，發人隱惡。

果報，常聞惡聲、言多諍訟。

四、綺語，講好聽的話欺騙人。

果報，言無人受，語不明了。

念頭的行為有三：

一、貪，貪求世間的財色名食睡。我們有這個身體，活在世間需要基本的物質生活，但對於財物要見得思義。

果報，心不知足，所求闕絕。

二、瞋，不如自己喜好就生氣。

　　果報，人求長短，被人惱害。

三、癡，愚癡，沒智慧。不信為善得福、作惡得罪，言無因
　　果，無有後世，輕侮聖言、毀佛經教等。

　　果報，生邪見家、其心諂曲。

　　佛氏門中，有求必應。財富由財布施而來，智慧由法布施
　　而來，健康長壽由無畏布施而來，這些皆離不開上述身口
　　意的十善作為。

當這張牌出現在：

頭腦：你在想著需要做些什麼或說些什麼。

忠告：存在鼓勵你要更活耀，或是加入更多陽性的能量。這也
許是發動什麼或是做得更多，或是講得更清楚、更直接。換句
話說，要起而行。你目前的成長就是如何將你的能量用出去，
如何做事，它可能是你有一點懶惰，或者可能是你在溝通上
有困難，你需要在這一點下一些功夫，無論是上述的哪一個情
況，你就是要動起來。

結果：在目前的情況下，你最好是主動做些什麼或說些什麼，
只是坐在那裡等待是無濟於事的。

IV. 叛逆者

牌義：探尋真理者、以自己的方式走自己的路、做自己、 單獨、反省

圖象

　　老鷹代表單獨、獨立的能力，火把代表自己的洞見，彩衣代表內在豐富的資源跟（傻瓜）一樣，翅膀代表自由，鎖鍊代表限制。

內涵

　　西方哲人尼采提出人類成長三階段，以順從的駱駝、叛逆的獅子、臣服的小孩為代表。

　　一個沒有主見的人，別人叫他向東，他就向東；別人叫他向西，他就向西。他不敢有自己的主張，他覺得自己總是錯的，別人可能是對的，聽別人的意見比聽自己的意見還安全，這是一隻順從的駱駝。當這隻駱駝不想再被別人奴役，不想再成為受害者，他要拿回屬於自己的力量，於是順從的駱駝轉變成一隻獨立的獅子。

　　獅子是萬獸之王，他以自己的知見（火炬），單獨行動並且打破限制他自由的枷鎖，這是一隻有自我主見的獅子，獅子付出他所有的努力去追求他想要的幸福，但最後他發現，利他比自利、圓融比對立、奉獻比自私，更能帶給他真正的快樂，於是這隻叛逆的獅子，轉變成臣服於真理的小孩。這是尼采的人類成長三階段。

　　三字經云，「人之初，性本善，性相近，習相遠，苟不教，性乃遷，教之道，貴以專」。性本善這個善字並非指善良，而是圓滿之意。我們每個人的本性皆有佛的智慧、能力，只是被不善的習氣所蒙蔽。要恢復本性的方法，佛告訴我們要放下執著、分別、妄念。但在日常生活上，我們均以自身的利益為考量，以我為出發點，「我」這個概念一升起，後面就升起了一堆煩惱，名聞利養，自私自利，七情五欲等等。身雖不是我，但它有用處，有什麼用處？用它來借假修真。用這個身體來學習放下欲望。不善的習性放的愈多、純善的本性就愈能彰顯。

　　叛逆者要化解的是習性與本性的衝突。

當這張牌出現在：

頭腦：你的頭腦一直在想著要更獨立，更按照你自己的能量狀態去做事。

忠告：存在鼓勵你去找到你自己內在的狀態，那個不受關係影響，甚至不受社會影響的狀態，在那裡你可以開始以一個獨立的個人來經驗你自己，該是你要走你自己的路的時候了。目前求得你的獨立和個體性就是你的成長，可能在你自己要站起來獨立的時候你會覺得搖擺不定，或許你正在走出一個依賴的關係，必須持續地記住，現在是要將你的中心帶回到你自己的時候了。

結果：在目前的情況下，你最好是回到你自己的能量，把你自己看成是一個獨立而完整的人，不要受別人的影響，決定你想要什麼，不必理會別人的意見。

V. 空

牌義：不執著、能觀的智慧、不計較

圖象

空無。空無並非什麼都沒有，它只是處於「隱」的狀態；而我們的身體、山河大地，甚至是天空都是處於「顯」的狀態。「顯」的狀態是短暫的，並非真實的。

內涵

奧修很推崇禪宗，所以門徒將這副牌叫奧修禪塔羅，「空」是禪宗很重要的一個概念，但要講它卻不容易。「空」是佛對我們這個娑婆世界的教導，要我們不執著，要我們放下。人的壽命即使活到一百歲，在佛的眼裡，如曇花一現，因為有比人類壽命要長得多的，我們以天界的天人來比，天界共有二十八層天，第一層天：四天王天的一天是人間的五十年，四天王天的天人壽命500歲；第二層天：忉利天的一天是人間一百年，忉利天的天人壽命一千歲……，所以在天上，看人類活一百歲，等於早上出生，晚上就死了。另外，錢是人人所愛，但在天界，他們思衣得衣，思食得食，黃金珠寶隨心所欲自然化現，他們的壽命跟享受令人難以想像，如果沒有佛為我們解說跟較量，我們猶如井底之蛙，以管窺天而畫地自限。

在我們這個娑婆世界，所有的東西都是過眼雲煙，都不會持久，親情、財富，甚至壽命都不持久，為不持久的東西煩惱受苦，那叫做傻。

　　佛法是以永恆不變和會變的來辨別真假，永恆不變的，譬如靈性為真；會變的，譬如肉體為假，但真假也並非對立，真假是一體的兩面，如一個銅板的兩面。

　　我們用「體、相、用」來看空，體為真，因一切萬物由體而生，相為假，因一切相都非永恆存在，既然相為假，用的作用就是以假修真。這張牌，是在指「相、用」的部分，相為假，所以不要執著假相。要走出假相，就要透過「用」，以假修真，透過日常生活來修　。

　　空性是般若智慧，它不是一個概念或知識，而是當我們契入自性時能夠嘗到的經驗──觀照。空是本體，觀照是它起的作用。般若智慧談空談有，但又說空有是一不是二。因空非真空，它不但不是什麼都沒有，而且還能現一切現象；而有也非真有，因一切都是幻有，無法永恆存在。你所見到的世界均是因緣所生法，因緣俱足時就生，因緣不俱足時就滅了。所以，在生滅中，不能說它空，不能說它有，一切都視因緣是否俱足而定。

　　愚癡之人，在生滅中追尋；智慧之人，如如不動觀生滅。

　　我們要如何回歸空性呢？佛陀說空性的般若智慧是我們與生就俱有的，只因一念無明而失掉。要如何覺醒呢？圓覺經中云：「不用求真，唯須息見」。空性要借幻有來修練，借假修真，離開有，空無法顯，例如修不執著，如果離開人事環境、物質環境你就沒有地方修練不執著。所以，修行不離人間、不離家庭、不離穿衣吃飯。

當這張牌出現在：

頭腦：你也許認為你只是在觀照著那個正在發生的，或者你需要跟它保持更大的距離，或你想要放掉執著。

忠告：存在鼓勵你去放掉執著，那個能力只能來自較高的覺知。或需要達到這樣的最佳方式就是透過靜心，它基本上是跟那個你所想和感覺的保持距離的藝術。也許在你的生命中發生很多事，你需要跟它們保持距離來加以觀照。如果你不知道如何靜心，它可能是你要去學習的時候了。

結果：在這個情況下，您所能夠做的最好方式就只是觀照，退後一步，讓事情發生而不要涉入它。或不要執著，隨順當下的發生，順勢而為。

VI. 愛人

牌義：在愛中學習、在關係中學習、在關係中各司其職

圖象

　　這張牌有三個層面，一顆心由一對擁抱的男女來構成，象徵著完美的結合，沒有瑕疵，如同胎兒在母親子宮中與母親完美的結合所帶來的滿足的記憶，整顆心沉醉在象徵著浪漫的愛的玫瑰花裡，這是我們內在對愛最深層的渴望。翅膀代表如果能給這份愛適當的土壤與灌溉，它可以成長來到超越世俗進入更高的意識。由下方緊密連結的心生出能夠面對面保持距離的看，意謂著彼此透過對方都在尋找與存在失去連結的那份滿足感。黑夜代表關係是內在深層情感的碰觸與學習，在關係裡，我們既敏感又脆弱。星星象徵著從盲目的摸索中辛苦所得來的智慧。最上層有光及山頭代表關係最終將朝向個人的消融而融入整體，光代表朝向這個目標所需要的了解，山頭代表回到內在的家，所以，關係是在成就個人。

　　每一個階段所獲得的了解，都在為下一個階段做準備。下方是性的吸引，它無法持續太久；中間是愛的連結，它無法帶來最終的滿足；上方是慈悲，那最終的……。整個過程就是淨化自己的煉金術，以正中間的正、倒三角型為代表。

內涵

　　中國的學問可粗分為儒釋道三家。儒家重視人倫關係；道家重視因果關係。

　　儒家將人與人的關係分為五大類：親子、夫婦、君臣、朋友、手足。你與任何人的關係，都不超出這五大類，而且還把這五類關係中應盡的責任與義務標示清楚。父慈子孝、夫義婦聽、君仁臣忠、朋友有信、兄友弟恭。每個人在關係的位置上，都要盡本份。每一份關係，就像一部機器的一部分零件，每個零件都好，這部大機器就運作的好。我前一陣子聽到一個故事，說有一男人要娶妻，他告訴跟他相親的女人說，他家裡有一位癱瘓的母親，如果跟他結婚，婚後就要照顧他癱瘓的母親，如果你是那位女士，你會嫁給他嗎？我的老師告訴我，如果遇到問題，可以找古人，看古人可以給我們什麼建議。老子說：「福兮禍所伏、禍兮福所依」。任何事情都有福禍兩面。後來，她嫁給了那男生，照顧癱瘓的婆婆八年。她先生很感激她，對她很好，子女看到媽媽照顧奶奶，子女對媽媽也很孝順。所以，在關係裡，你種什麼因，就得什麼果。

　　外在的關係反應出我們跟自己內在的關係。關係是一面鏡子，幫助我們看見在單獨時無法看見的自己。

　　關係也是你在原生家庭中，所扮演角色的延伸舞台，它是內在小孩的連續劇，透過投射，一幕一幕的演出。所以關係可以變成是一種協助，協助你在關係中變得覺知，然後，從覺知中變得完整。從欲望的泥沼成長到可以給彼此空間的友誼關係。

當這張牌出現在：
頭腦：你在想著你的愛人，它可能是特定的某一人，或者它可能是你想要進入一段愛的關係；或者你在想你跟別人連結的方式。

忠告：存在鼓勵你要進入愛和連結的途徑。即使它會帶來悲傷也沒有關係，心的道路是非常豐富的，它從來不會讓你覺得無聊。將覺知帶到你跟別人的連結方式裡，有一些關於你自己的事，只能透過跟別人的連結來探索，對於想要安全而避開連結或不敢表達出真實面的任何傾向都要很覺知。關係是你目前的成長，制約模式或在這個部分所浮現的是你主要的學習。

結果：在你目前的生活當中要有愛，要承認它，進入它，讓你自己去經驗它所帶來的一切。讓你自己洞察你跟別人的關係這面鏡子，來看看你能夠對你自己和你的連結模式做什麼。不要假裝很獨立而退回來。

VII. 覺知

牌義：警覺、清楚的、明白道理的

圖象

　　在人影中，燒出一尊佛。人影代表煩惱，當煩惱被清除後，內在的佛性就出現了。去除煩惱最好的辦法就是讀聖賢書，因為好學近乎智。

內涵

　　覺知跟智慧是與生俱有的，只是被諸多的煩惱障礙住。那我們要問了，煩惱是怎麼來的？為什麼人會有煩惱？煩惱來自錯誤的見解，而破除錯誤見解的方式就是讀聖賢書，因為聖賢人的書都是幫助我們明白道理。覺悟會帶來快樂，而煩惱會帶來痛苦。

　　佛在「華嚴經」上說，眾生皆有如來智慧德相，只因妄想執著而無法證得。我們被三種煩惱障礙，以致於本有的智慧無法透出來。第一個是執著；第二個是分別；第三個是妄想，妄想太細膩，我們覺察不到，分別也不容易覺察，執著的相，比前二者粗糙，所以佛叫我們先從放下執著開始。執著又分二部分，一個是錯誤的見解（見煩惱）；另一個是錯誤的想法（思煩惱）。見煩惱又可細分為五類，身見、邊見、見取見、戒取見，邪見等。見煩惱（錯誤的見解），誤認為身是我（身見），而跟別人有對立與衝突（邊見）。如果說身體不是我的，那麼身體是什麼？身體是我所有的，那什麼才是我呢？靈性才是我。那個永恒不變的靈性才是我；而每一世會變化的身體不是我，但我們常誤認為身體是我，只要這個錯誤的觀念一升起，後面就跟隨著無邊的煩惱。所以，佛要我們放下執著與對立。只要放下一分煩惱，智慧就可以透出一分。當你明白了道理，在日常生活中，你就要保持覺知，不讓這些錯誤的見解和思維障礙你內在本有的智慧。因此，淨空法師為我們開出十六字箴言，放下「自私自利、名聞利養、七情五欲、貪瞋癡慢」。

當這張牌出現在：
頭腦：你認為你的思緒越來越清晰，看事情也越來越清楚。
忠告：清晰的意識是你本有的，但被分別與執著障礙住，你放下執著一分，清晰度就透出一分。你的意識被錯誤的想法和情緒所蒙蔽，保持覺知，你才能走出這些障礙。
結果：你要除去障礙你清晰意識的執著與情緒，認出它們的方法，就是對照經典，凡與經典不相應的行為，就是你的執著點。

VIII.勇氣

牌義：勇氣、勇於成為自己、努力

圖象

　　一顆種子應該落在土壤裡，但這顆種子卻偏偏選擇落在生存條件非常艱辛的岩石縫隙裡，這顆種子不畏艱難，選擇它自己的生活方式，選擇它自己的生命道路，這需要勇氣。

內涵

　　我有一位朋友的女兒，她為了圓自己的夢，演唱崑曲（國劇的一種），她專門找洗碗和打雜的工作，她的夢想可以支持她去面對沒有保障的未來，這是需要勇氣的。出生家貧的陳樹菊婆婆，一生靠賣菜所得，長年捐款做社會公益，更將存了50年的棺材本，捐給台東兩間醫院作為緊急醫療基金，這對一位既老又身患疾病的人，這需要勇氣。是什麼信念支持一個人不畏艱難去做他想做的事，陳樹菊婆婆說：當年她的媽媽跟弟弟是在沒錢看病的情況下病死的，所以，她賺錢是要給有需要的人用。

　　信念就像一粒種子，它微不足道，但誰能想像，一粒種子可以成長為一棵大樹。在你的內在裡，是否有某些信念是你一直忽略而沒有勇氣去實踐的。你忽略而沒有勇氣去實踐，是否因為你認為你有無數個明天，但如果你只有今天而沒有明天，你還會延遲嗎？所以，如果你有想要道歉的人，要趕快去做；有想要感恩的人，就趕快去說；有哪些事你想做，要趕快去做，因為或許有一天，是沒有明天了。

　　人一出生就朝向死亡，這是生命的旅程，而生命的目標呢？奧修師父說，如果你夠聰明，你一定會想到生死問題以及如何超越生死。所以，奧修師父設計了一百一十三種靜心來幫助我們，除非你準備好，一滴水滴才有勇氣跳入大海，在大海中自我消融了。

當這張牌出現在：
頭腦： 你想要努力做些什麼。
忠告： 存在鼓勵你去發展你本性裡面屬於戰士的那一面，或許你讓生命自己流動的時間已經夠長了。即使有恐懼或困難，現在也不是放棄的時候，需要努力和勇氣去活出你自己的理想。提起勇氣去做必須做的事是你目前主要的成長，每一次你開始屈服，要再催促你自己。
結果： 在目前的情況下，你最好是提起勇氣去做必要的事，只是等待事情自己發生是不好的。你要勇敢的活出自己的潛能。

IX. 單獨

牌義：獨立、用自己的方式走自己的路、反省、孤獨、單獨

圖象

　　圖片上這位老人，我們只能見到他的背影，因他從一個社會化的過程退回到自己的內在，從世俗的追求轉向對真理的探詢。他手上拿著手杖，象徵著以他自己的洞見，走他自己的路。他前面的光代表經由他自己生命的歷練而得到的智慧之光並以它來照亮他要走的路。單獨這張牌在描述一個人走向內在來知道自己的過程。

內涵

　　單獨的能力很重要，如果你無法單獨，你就無法深入你的內在，如果你無法深入你的內在，你就無法知道你是誰。你出生的時候是單獨的，你死亡的時候也是單獨的，在生命中兩個最重要的時刻，你都是單獨的。親情、友情、愛情都因緣起而生，因緣盡而滅，即使親友與兒孫滿堂，最終有曲終人散的時候。

　　單獨與孤單不同，單獨是正向的，孤單是負向的。單獨是你有獨處的能力，不需依賴別人；孤單是你希望有人陪伴，但別人卻不在。往內在探尋自己，永遠都只能由你自己來做，你無法依賴別人來了解自己，了解自己這件事，只能靠自己。因此，你能夠單獨，你才能跟自己內在有連結。

　　西方哲人尼采提出成長的三階段論，以從眾的駱駝、單獨的獅子、臣服的小孩為代表。對駱駝而言，處在群眾裡是安全

的，因為大家都遵循著大眾的價值觀生活，直到這些價值觀不再能滿足這隻駱駝，駱駝就從群眾中退出來而成為一隻單獨的獅子，獅子開始尋找真理及尋找他是誰。這隻獅子會感到單獨還是孤單，取決於這隻獅子的成熟度。

當社會普遍所肯定的價值觀不再能夠滿足你，當你不再依賴別人的眼光來肯定自己時，你開始從外在的世俗社會退回來，轉而以你所知的來思維與行動，同時也開始面對許許多多的挑戰，包括別人會告訴你，你是錯的，更糟的是，你心裡也沒多少把握，更沒有人能給你任何保證，這是一條孤獨的路，但我們的意識乃攜帶著對整體的記憶，我們渴望回到內在的家與存在合一，如果你害怕孤單，你就無法深入你的內在，而往內走的路，它絕對是一條孤單的道路，直到有一天，當你能與存在有連結時，你的孤單才能蛻變成單獨的喜悅。

當這張牌出現在：

頭腦：你想要有更多的時間和空間給你自己，或許是想要走你自己的路。

忠告：存在告訴你，你要進入你的內在去找到你自己的答案。要準備好去面對孤獨，繼續向內看你自己。如果你能夠接受目前存在的一切，你就可以更深入你自己的本性而成為你自己。不管你喜不喜歡，或許你並不喜歡，你都要靠你自己。不要試圖避開這個事實，要從它學習。你真正在找尋的一切都在你自己裡面。

結果：目前你最好是給你自己一些時間，你需要向內看來找出你自己的答案。如果你在你自己本身之外找尋，你一定會找不到的。

X.　改變

牌義：改變要從「因」下手

圖象

外圍是銀河星系，是娑婆世界，我們的地球在其中。地球上，有不同的人，以12星座符號為代表，而每一個人都有不同的命運（以易經八卦為代表），不同的命運造就不同的康（健康）、壽（長壽）、寧（心情愉悅）、富（富貴）四種不同的果報（以四方為代表），而果報來自陰陽太極的因果定律。白色太極代表果，代表已經發生的事物，黑色太極代表因，代表尚未發生的事物，由因可以預知果，由果可以了解因。了解因果定律，你就拿到創造命運的鑰匙。人間所追求的事物，不外乎長壽、健康、財富、智慧等等，你想得到它們，就不得不了解因果法則（七事不齊表 ― 附錄三）。

內涵

至今科學家對於宇宙萬有的真相仍無法給出令人滿意的答案，宇宙從哪裡來？萬物從哪裡來？但是早在三千年前的印度，釋迦牟尼佛在禪定中解開了宇宙萬有的真相。佛說一切法由心想生，佛家用「法」這個字代表一切人事物的總稱，宇宙萬物是由念頭變現出來的，這個事實被近代量子力學家證實了。科學家從基本粒子、原子中發現了電子，再從電子中發現中子，再從中子中發現微中子……最後發現世界上並沒有真實物質存在，物質是念頭累積所產生的幻相，而且物質是隨著念

頭轉，念頭好，環境就好，念頭惡，環境就惡，環境跟我們最貼近的就是身體，如果你的身體有貪瞋癡慢疑這五毒，身體就多病；念頭轉為良善，身體就恢復健康了。由此可知，要拯救地球的災變，我們就有辦法了，怎麼做？由念頭下手。同理，如果要恢復社會的安定和諧，由教育下手，所謂建國君民，教學為先，普世教育有三類，因果教育、道德教育、倫理教育，尤其是因果教育，人人如果明白了因果報應的利與害，那麼，社會上，人人是好人，事事是好事。改變就從自己開始。

當這張牌出現在：

頭腦：你在想著改變，也許是那個改變正在發生，也可能是你想要它發生。

忠告：存在告訴你，你正在進入一個主要的改變期。這可能會帶來對未知的抗拒、不安全、和恐懼，但是你可以信任它是必需的、時機適當的、正向的。改變就是你目前的成長，它可能意味著你並不喜歡它。要經常記住：改變基本上是需要的、自然的，它能夠幫助你去經驗各種轉變。

結果：在目前的情況下，你最好是承認改變是需要的，你需要努力讓它發生。

XI. 突破

牌義：破除習性的樊籬、打破限制

圖象

　　一個男孩舉起雙手，以他的力量打破阻礙他的障礙物。

　　胸前的光代表智慧，以智慧和毅力去破除障礙物；背後的線格代表思緒。

內涵

　　命運不是神安排的，而是自己的性格創造出來的。所以，要改造命運，就要改造自己的性格。而性格又是我們累世的習性，如果沒有智慧與毅力，很難拔除根深蒂固的習性。有些人，貪心比較重，不肯吃虧，區區十塊錢就能讓他一整天心情不好。有些人，瞋心比較重，容易生氣和記恨。曾經大掃除時，我清理陽台，有水濺落到一樓，剛好有住戶被噴到，那婦女氣沖沖的往我樓上喊，你在幹什麼。我當時很無辜地看著她，她又說，你的水噴到人，你連說聲對不起也不會嗎？我就跟她說對不起，她還是怒氣沖沖。到了晚上，我越想越氣，她那咄咄逼人的口氣，我當時應該還以顏色，但是我的老師告訴我，遇到衝突時，要從自己沒有過失中，找過失；要從別人有過失中，找沒有過失。但想起來還是生氣，哪有清理陽台窗戶不落一滴水，當這念頭一起來時，又想起了凡四訓說，無過咎而橫披惡名者，子孫往往驟發。我沒過錯，但被罵，她是送福報給我。但每次一想起來就生氣，想著如何反擊她時，又會想

起經典怎麼說，這一來一往反覆的拉鋸戰，這人的習性，如果沒有用智慧與毅力是很難突破的。

論語曰：苗而不秀者有矣夫，秀而不實者有矣夫。種穀，有的生了苗而不出穗，有的雖出穗而不結實。這句話是勉勵學人，學習要有成果。

前一張牌是改變，現在來到突破。如果有改變而沒有突破，代表這個改變並沒有堅持下去，所以沒見到成果。我們的習性太深太重，要突破習性的樊籬，沒有堅持是改變不了的。以我自己為例，學佛二年半後，才決定要吃素，但常常是一暴十寒，後來，雖有一陣子精進持齋，但最後還是貪嘴或貪方便而破功，這種情況持續反覆到現在。老法師說，持戒沒有堅持五年十年就看不到效果。所以，改變需要堅持下去，累積次數與信心，然後才能達到突破。

當這張牌出現在：
頭腦：你想要打破限制或突破困難。
忠告：存在鼓勵你去打破舊有的觀念，以及那些使你能量不流動的舊有模式，反正它們從來不是真正你自己的。你目前的成長就是要打破舊觀念和模式，打破那些限制著你以新的創造性方式向前走的舊觀念和模式。
結果：在目前情況下，你最好是下決心努力清除掉舊有的觀念和模式，好讓你可以找到一個新鮮的，具有創造性的方式。

XII. 新的洞見

牌義：從生活經驗中學習而來的智慧、從痛苦中學習、從過去的苦難中，記取教訓

圖象

　　三角形、四方形跟圓形，是蛻變的符號。三種不同姿勢的人，代表不同的成長階段，從地上爬的嬰兒期代表無知，到站立的成人期代表自我主義者，到有翅膀的成熟期代表臣服真理。也可說是尼采的成長三階段，無知的、自我主義者跟臣服真理者，這張牌在說我們是透過痛苦和困難的生活經驗來獲得智慧的過程。

內涵

　　古人說，「不經一事，不長一智」。我們都要透過經驗，透過事件，才能明白道理。以前我經濟富裕的時候，我給自己好房好車好的物質生活，但當時我卻讓自己的父母住在破舊的房子裡，而且我還有一位長輩，他因為沒有子女，孤伶伶的住在養老院裡，也死在養老院裡。所以，每次當我讀到孝經裡的，為人子應「謹身節用，以養父母」時，我的內心都有遺憾，我覺得有愧於父母，我當時應該買四房，跟我父母一起住，而且可以把家族中那一位長者也接來家中孝養，因為這位長者曾在我們貧困時，資助過我們。現在我的父母都已經不在了，所以，我會去回想，有哪些事情我做錯了，有哪些我可以做得更好。我發現，我父母健在時，跟父母往生後，對如何

孝順父母，我的想法不同了；我相信結過婚的人，在婚前跟婚後，對婚姻的想法也會不同；人健康時，跟生病後，對人生的看法也會不同，對什麼是生命中重要事物的排序也會不同。新的洞見在講透過經歷事件之後，你會比較有智慧的看法。

　　我跟我妹妹常聊到，對於我們有愧於父母的這些遺憾，如何把這些遺憾轉變成動力，是這個動力讓我去行善，去照顧老人，然後，把這些功德迴向給我們的父母，這是父母往生後，我能夠繼續孝順父母的方式。

　　人非聖賢，孰能無過。對於人生中，不可挽回的遺憾事，不要一直沉溺在悔恨的情緒中，你要把這些悔恨轉變成行善的動力。所以，以前你所犯的過錯，都可以轉變成你的資源，提升你自己。這是新的洞見在受苦中覺醒，在受苦中成長，在受苦中長智慧。智慧是我們辛苦透過生活經驗而獲得的。

當這張牌出現在：

頭腦：你認為你對事情的看法有一個新的洞見，那是你經歷過苦難學習而來的。

忠告：目前你正經歷某種艱辛的學習，而後你會有一個新的洞見，要好好照顧你自己，這是你生命中蛻變的時候，要從發生的事件中學習。

結果：你要記取從過去苦難中學習而來的教訓，否則以前所受的苦難，就白受了。

XIII.蛻變

牌義：改變、成長

圖象

　　一個人坐在一朵大花上，一隻手碰觸著一張覺知的臉，代表在蛻變的過程中，你要有覺知的使用上面不同的元素：劍代表智慧，能去除煩惱和無知。花代表落實，知識若不能落實在生活上，就無法轉變成智慧。陰陽太極圖，代表因果，凡事皆有因果，了解並遵循就能達到目的。蛇會脫去舊有的皮，代表舊的不去，新的不來。向上的手，代表接受，接受因果的法則，這是改變的第一步。鎖鍊代表捆綁，是我們自己的無知和執著綑綁自己，唯有放下執著，你才能獲得自由。坐在大花上的人物是黑色的，代表內在意識，改變需從自己的內在念頭開始。背景的火代表燒毀那些阻礙我們成長的障礙物，那是智慧之火，從下面那張覺知的臉而來。有覺知的使用上方這些元素，蛻變就能發生，以頭上那隻火鳳凰代表蛻變。

內涵

　　想要蛻變就要有正確的知見、方法與順序。所謂知所先後，則近道矣。儒家修學以博學為先，篤行為後。（博學、審問、慎思、明辨、篤行之），這是正確的順序。什麼是正確的知見？知道什麼是因，什麼是果。米能煮成飯。因為米是飯的因，而飯是米的果。如果知見不正確，你拿砂來煮，煮的再久，砂永遠不可能煮成飯，因為砂跟飯沒有因果關係。所以知見不正確，你就白費功夫了。

　　那為什麼接受也是蛻變的方法之一呢？我妹妹有一位朋友，結婚生了一女兒，她先生婚後賺錢不養家的，我妹妹這位

朋友就去做清潔工來養家活口，她的女兒見同學買名牌包、穿名牌衣服，就怨恨她的媽媽，為什麼她生在這麼貧窮的家庭，這股怨氣後來轉到她自己身上，她就常拔自己的頭髮。其實，生在貧窮的家庭，有生在貧窮家庭的因。接受不代表消極的認命，是接受導致貧窮的因，並積極的創造富貴的因。也就是要先接受因果的事實，並以因果的道理去創造未來。

奧修師父教我們蛻變的三個要點：一、不要抗拒你不喜歡的；二、知道那個相反的事物並不是相反的事物，而是互補的東西，它們無可避免地必須結合在一起，所以保持沒有選擇，例如，有生一定有死，有愛一定有恨，它們一定相對存在；三、成為觀照者。成為觀照者，你就能吸收兩者而超越，如果認同，就無法吸收兩者。例如，有愛一定有恨，當你不選擇，這愛與恨就能蛻變成慈悲。

佛教我們放下三種煩惱，執著、分別與妄念。執著幻化出三界六道；分別幻化出四聖法界；妄念幻化出十法界。所以蛻變之路不在外在，就在你的念頭。凡夫把菩提轉成煩惱，聖人把煩惱轉成菩提。煩惱與菩提是一不是二，問題就在你會不會轉念。

當這張牌出現在：
頭腦：你在想著蛻變，也許是那個蛻變正在發生，也可能是你想要它發生。
忠告：存在告訴你，你正進入一個主要的蛻變期。這可能會帶來對未知的抗拒、不安全、和恐懼，但是你可以信任它是必需的、時機適當的、正向的。蛻變是你目前的成長，它可能意味著你並不喜歡它。要經常記住：蛻變基本上是需要的、自然的，它能夠幫助你去經驗各種轉變。
結果：在目前的情況下，你最好是承認蛻變是需要的，你需要努力讓它發生。

XIV.整合

牌義：調整、改變、平衡、本性和習性的整合、消化

圖象

　　我們生活在二元對立的世界，黑與白的對立、是與非的對立、好與壞的對立、愛與恨的對立，整合這張牌是融合這兩者，當我們不再是對立，我們就變得完整。這張牌是相反兩極的整合，牌中的人，是兩張不同顏色的臉整合在一起。火（紅）代表男人，水（藍）代表女人，男人女人（陽性與陰性）整合在一起。老鷹是陽性能量的象徵，天鵝是陰性能量的象徵，代表力量與柔軟的整合。這個人的肩上有太陽、有月亮，代表白天與夜晚的整合，手中拿著太極，代表因果的整合，因會變成果，果又會變成下一個因，這是因果的循環，我們現在的遭遇是前世的因，種下了今世的果，所以，面對今世種種的不順遂，只能接受，然後去了解箇中的道理並好好的種今世的因，才能結來世的果。頭上的花代表智慧，要平衡相反兩極要靠智慧。下面的蛇代表蛻變，頭咬著尾巴代表完整，當一個人整合了相反兩極，他就是一個完整的人。

內涵

　　整合指內在的改變過程，它是成長的必經之路。因為我們處在二元對立世界，整合有時必須從對立面開始，例如，別人生氣，我了解他為什麼會生氣，體諒他因無法處理自己的情緒而生氣，所以當他是火，我就要變成水，去平衡他的生氣。他自私，我去體諒他的自私，他或許是因無知或匱乏，所以才

導致他自私。他是黑色的太極，你就要成為白色的太極來平衡他。在平衡中，你會越來越接近你的中心，你會越來越整合。平衡和整合需要靠智慧，它是相反兩極的整合。當你放下恨，你就跟愛整合；當你放下惡念，你就跟善念整合；當你放下對立，你就跟和諧整合了。總結來說，當你放下負向的，你就跟正向的整合了。

　　我們在一生當中，都在做整合。年輕的時候，對金錢慳貪，中年以後，才漸漸覺得錢要給有需要的人用，錢才有它真正的價值，於是，從對金錢的慳貪整合為布施。年輕的時候，跟父母對立，中年以後，才漸漸了解父母的難題，於是開始從對立整合為順服。整合是一個人內在改變的歷程，整合最終目標是成為一個完整的人，沒有分裂。

當這張牌出現在：

頭腦：你在想著如何將你自己或是你生命裡面的矛盾整合，或者也許你相信它已經這樣在發生。或是你想要改變。

忠告：存在鼓勵你利用這個時間來做內在的鍊金術，你也許覺得並沒有很多事在發生，但是如果你給出很多空間讓這個微妙的整合發生，你將會發覺某些你人格裡面的粗糙面，或是你生活型態當中的一些極端部分漸漸在消失，然後你就會覺得更完整更整合。可能你碰到了一些外在的情況，而它需要一些時間來消化和整合，或者也許是有機會可以來平衡你的人格或你的生命中的某些極端。不論它是哪一個，使它成為一個成長，不要陷住在思想與感覺的擺盪之中。

結果：目前你能夠做的最好的事就是給你自己時間來消化和整合任何正在進行的，而不是試圖往前走或改變什麼。

XV. 制約

牌義：限制、阻礙、童年的制約模式

圖象

一隻有力量的獅子，牠從小被羊群養大，並自認為自己也是一隻柔弱的綿羊，牠的身上不但披有羊的形象，腳也被捆綁，就內在和外在而言，牠的力量都被限制住了。

內涵

制約指童年的經驗如何限制著我們成人的思維與力量，讓我們局限在舊有模式裡而障礙新思維與新行為的可能性。所以，東西方的古諺語都有七歲定終生之說，可見得，童年的經驗對成人的影響深遠。曾經有人對大象做過實驗，當牠還是小象時，就用鎖鏈把牠栓在一根木椿上，小象曾經掙扎過，但小象力量小，經過幾次的掙扎都無法扯斷鎖鏈，即使小象長大變成了大象，力大無比時，仍被自己以前的觀念所束縛而受限於鎖鏈和木椿的捆綁。鎖鏈就是制約，是受限於早期的觀念或經驗而認為它無法被改變，直到我們有勇氣去打破它。實際上，我們有無窮的潛能，奧修師父一直在喚醒我們有成佛的潛能並透過話語和靜心引導我們去突破制約。

以小乘果位來說，身見破除了，就證得小乘初果位，你就恢復天眼通、天耳通的能力；證得小乘二果位，你就恢復了他心通與宿命通的能力；證得小乘三果位，你就恢復神足通的能力；證得小乘四果位，你就恢復漏盡通的能力。所以，六神通是你本有的能力，你的制約放下愈多，你的能力就恢復愈多。

當這張牌出現在：

頭腦：你在思考，或是已經覺知到你陷住在舊有的習慣模式裡。

忠告：你得到了一個很強的訊息和機會來處理一些基本的制約模式，它一直在控制著你的人生。唯有當我們允許我們自己帶著覺知去感覺和去經驗這些模式，它們才能夠被改變，所以不要批判或試圖壓抑，而要有意識地去經驗它們。用你全部的覺知來看舊有的模式，它們正在操縱著你的人生，讓你自己很全然的去經驗它們，只有全然的覺知到那個模式才能夠從它掙脫出來。

結果：在目前的情況下，你最好是知道你陷住在你自己的模式裡，然後全然進入任何浮現的感情裡。不要用想的，要跳進去，讓你自己去感覺一切的發生，但是要帶著覺知。

備註：抽牌解讀時，如果制約落在忠告或結果的位置，可參考附錄四「制約」，幫助你自己走出童年的制約模式。

XVI. 雷電

牌義：清理舊有的模式來蛻變、摧毀舊有的頭腦模式，以便達到更深的真理、混亂

圖象

　　牌的背景，以一位靜心姿勢坐著的人來代表覺知。在背景人物的中間，有一座隱形的，正在被燒毀的塔，上方的雷電也在襲擊著這座塔，這座岌岌可危的塔（代表我們的觀念、習慣和安全模式，不再能保護人），所以有兩個人從塔跳出，因為它不再是這些人的庇蔭所。背景的人物，正在經歷這個過程，他清楚地知道舊有的想法與作為，是應該放掉的時候了。

內涵

　　我年輕的時候，跟一般女孩一樣，總覺得衣櫥裡少一件衣服，所以，會買衣買鞋，添購這個、添購那個，但到了中年以後，就開始丟棄，我覺得不需要那麼多衣服和鞋子，凡是不用的東西就想要丟棄，外在的事物是如此，內在的想法也是如此。

　　在我們的一生當中，隨著生命的歷練，我們也會開始丟棄我們以往很堅持的價值觀跟信念，以前會認為某些價值觀很重要，甚至我們是為那些價值觀而活著。

　　在我很年輕的時候，我曾經在電視上看過前美國總統夫人希拉蕊的訪問，她說她之所以會嫁給柯林頓，是因為她看中柯林頓在政治上的野心。傳統婦女都以夫為貴，我也曾是這個

觀念下的女性。我曾遇到一位條件很好的對象，學識、人品都很好，更重要的是他的企圖心跟野心，是可以提升我經濟跟社會地位的人。但是，我心裡很明白，我愛的是他的條件，不是他的人，如果有一天他的條件不再吸引我了，我該怎麼辦？所以我就逃走了，雖然我逃走了，但我沒有完全放下那可能帶給我幸福的機會，這個過程經歷了九年，直到我開始追求靈性成長，這個價值觀、慾望和這個男人才從我的生命中消退。所以，要提升自己靈性的高度，要看你能夠放下多少的執著。

　　每個人都遵循著一套安全的生存模式在過生活，日復一日，年復一年。直到有一天，外在的突發事件使這套安全系統受到打擾。如果死亡是確定的，那麼生命的目標是什麼？房子、車子以及銀行存款如果不能滿足這個目標，那麼這套價值系統就不再是你安全的避難所。或許這個覺知，會形成內在的地震，震垮你的安全系統，但沒有破壞就沒有建設。身體會死，但靈性不會死，生命的目標是利用這個身體來提升靈性的高度。而欲望愈重，靈性就愈墮落。為自己是在害自己，為別人才是在利益自己。生命的意義在為往聖繼絕學，為萬世開太平。

當這張牌出現在：

頭腦：目前你的頭腦碰到了困難，也許你會覺得好像每一件事情都變得不對勁，而你不知道到底是怎麼一回事，可能你必須跟你內在更深的層面做連結才能夠得到清晰。或目前你想用不同的觀點來看人生。

忠告：這對你來講是一個很好的改變時刻，要全然投入它，讓你自己和你生活的某些面瓦解，如果事情需要這樣發生的話。將你的注意力集中在你必須成長的承諾上，並且信任任何目前從你身上失去的都是不重要的部分。不要試圖去理解和下結論，你目前的成長就是要繼續放掉你的控制，讓你生活的某些面瓦解並處於混亂之中，它對你來講可能很困難。

結果：在這個情況下，你最好是將你認為事情應該怎麼做的概念放掉，然後看看剩下什麼。這是你要徹底清理自己的時候，你能夠放掉越多的觀念和安全，或是放掉執著和佔有，你就越能夠接近真實。

XVII.寧靜

牌義：寧靜、不受打擾的、清楚的

圖象

在天空中，有一張覺知的臉，她向內看，月亮正好落在她的第三眼，代表寧靜是有作用的。寧靜並非死寂的，寧靜的作用就是它能覺照，就像下方的湖面一樣，當湖面是寧靜的，不起漣漪，湖面就能夠像鏡子一樣，把周圍的景物清楚的反映出來。上方的臉照在湖面上，能清楚地看見自己和別人，所以這張牌義是清楚的。

內涵

這張牌所講的寧靜，不是那種沒有聲音的寧靜，它是在講你的核心，你的核心有四個特徵，「常、樂、我、淨」，淨就是這張牌所指的寧靜。它不是你平常經驗到的寧靜，它是自性裡那最終的。也就是六祖惠能大師證果時所說的，「何期自性，

本自清淨」，而且它是有作用的，它不是死寂的。

當湖面是寧靜的時候，湖面就像一面鏡子，能反映出走向它的人及反映出周圍的景色，你在公園裡就能看到這樣的景象。所以，當你的心像寧靜的湖面一樣，你就有清晰照見的能力。我舉幾個例子，你是否聽說過，諸葛亮不出茅廬，卻能知天下事；還有當你的心是清淨如水，你就能突破維次空間，接觸到很多訊息，像賽斯的靈媒珍羅伯茲，她能接收存在宇宙中，千古年前古人所留下的智慧格言；還有你解讀塔羅牌，你的心越清淨，你就越能解讀出更深的涵意。相反的，什麼事情會讓你變得不寧靜呢？什麼事情會讓你心中的湖面產生漣漪，而無法像鏡子一樣照見呢？是風，風一吹過湖面，湖面產生漣漪，讓照在湖面上的形像扭曲，而干擾你內在湖面寧靜的是你的執著，有執著就有喜歡和討厭，面對喜歡的，貪心就起來了；面對討厭的，瞋心就起來了。一個貪一個瞋，就使你失去照見的能力。所以，放下執著，你就恢復了照見的能力。

當這張牌出現在：
頭腦：你在想著寧靜，並希望處於寧靜之中，但你目前並不在這個狀態下。
忠告：在你的內在找到寧靜的空間，並處於它之中，或許是你該學習靜心的時候，靜心是學習如何與頭腦保持距離而獲得寧靜的藝術。或透過讀書明理來獲得寧靜，如孟子云：「學問之道無他，求其放心而已矣」。目前讓自己沉澱下來，然後看自己想要什麼或怎麼做。
結果：目前你需要給自己一些時間和空間讓自己平靜下來，運動或靜心可能會有幫助。還有放下越多執著，你就越靠近寧靜。

XVIII.前世

牌義：前世、因果的輪迴，來自前世業力的影响

圖象

　　上方的天空有星星及月亮，從夜空中伸出一雙手，形狀像女人的子宮，子宮的下方有兩條蜥蜴，守護著神秘的通道，這個通道是指在因果法則和業力的牽引下，關於你死後要往哪裡去，你今生又是從何而來。下方的人是由上方子宮所轉世的，上方是前世的業力，下方是今世的果報，前世的業力決定了今世的果報，所以，如果你了解因果法則，你就揭開了那個神秘通道的法則。這張牌在講前世因果，「欲知前世因，今生受者是；欲知來世果，今生作者是」。而且因果通三世。

內涵

　　你相信有輪迴嗎？你相信輪迴跟因果有密切的關係嗎？你相信我們的親人是跟著我們多生轉世的人嗎？你的妹妹有可能是你前世的女兒；你的哥哥有可能是你前世的丈夫。西方透過深度催眠證實了人有輪迴，但在輪迴中，為什麼每個人各有不同的命運，西方人卻不甚清楚。我們在上一張牌寧靜中提到，當你的心夠清淨，你就能突破維次空間去看到你的前世。

　　你在前世所做的好事，今世就會有福報。我們都知道要把錢存在銀行，以備不時之需，但你不知道錢要存在哪裡，才可以讓你生生世世有錢用，那就是布施，你所布施的錢是最安全的存款，不但你今生受益，來生同樣受益。如果沒錢，可以捐一塊或十塊，或做義工，用體力和時間來布施。你想得到什麼

你就先捨什麼,所謂捨得、捨得,有捨才有得,如果你想得智慧,你就要多宣傳正法,和古聖先賢的思想。

佛經裡說:「欲知前世因,今生受者是;欲知來世果,今生作者是」。人受自己造作的因果業力牽引下,在六道中輪轉生死。或許你會好奇,你前世的身世,但這不是重點,重點是,你如何清醒過來而不再受輪迴之苦。我們八識中的阿賴耶識裡儲存了你前世的所有記憶,只要你恢復神通就有能力讀取這些訊息。在佛經的記載中,證阿羅漢果位的人,他的宿命通可知前五百世之事。

佛法是科學,有圓滿的理論、步驟、方法,還有你可以證得的境界,佛法講求實證。所以,奧修師父說,我可以告訴你方法,透過方法,你將透過你自己的經驗來告訴你自己答案。

當這張牌出現在:
頭腦:你在想因果的事,或與前世輪迴有關的事。
忠告:古人說:「欲知前世因,今生受者是;欲知來世果,今生作者是」。今世是前世的果,所以你只能接受;今世又是來世的因,所以你又能創造。我們就是在這樣的因果中隨業輪迴。而唯有覺知可以打破輪迴。
結果:接受你生命中所發生的事剛好就是需要這樣發生,因為每一件事情的發生都不是偶然,它都有因果在其中,而你是那個掌握因果的人,所以如果你不喜歡某件事,你就努力去改變它,改變從「因」下手。或是你喜歡什麼,你就去種那個「因」。
備註:改變從「因」下手,請參閱附錄三。

XIX.天真

牌義：天真的、遊戲的心情、不嚴肅的、再次擁有孩童般的品質

圖象

　　一位有智慧的老人，跟手上的螳螂在遊戲，他與周遭的事物是友善的、和諧的。上方的花和黑色衣服代表內在深層的智慧，白色底襯代表心靈的純潔。這位老人很和諧地融入生活的事物中。

內涵

　　成人與孩童有不同的頭腦品質，成人總是想太多、顧忌太多，而變得嚴肅與沈重。而小孩他們總是充滿著好奇、有趣和遊戲的心情。我們是不是把得失看得太重，以至於失去了孩童般的品質。我們怕被佔便宜，所以要精於算計和老練，這樣才不會吃虧，但真正重要的東西都不在外在，可以被奪取的，都不是你最重要的資產，你的財富可以被奪取，但是你的福報誰也搶不走，而財富在福報裡。所以，聰明人不會累積財富，聰明人會累積福報。如果你了解這些道理，就不必擔憂你會吃虧，遇到不順心的事，也能理得心安。

　　靈性的成長有如攀登高山，你要爬得越高，你的裝備就要越輕。再度的成為孩子，不是要你成為傻子；再度的成為孩子，是透過明白道理後，你能夠放下多少的煩惱和執著，你能夠有多少的信任走在真理上，允許多少的歡樂進入到你的生命裡。奧修師父說人要有兩次的出生，第一次是父母給你的肉

身，第二次是你給你自己的成長，放下老成的自己，給自己一個新的開始，再度擁有孩子般的品質。

　　奧修給我門徒的名字Agyana，意思是天真，但當我寫到這張牌時，腦袋卻是空白的。我參閱「生命的遊戲」及「奧修禪塔羅」這兩本書中對天真的解釋，我發現天真這張牌的意思超出文字，它屬於經驗。知識必需成為你的經驗，你才能獲得真實利益。於是，我必須要回顧這將近二十年來學習的經驗中，有哪些是屬於天真？記得有一次參加「Born again」再次出生的團體，我天真的做了……，我經驗到自己好美！這種美感無關乎外在的美醜，而是內在對自己全然的接受。它是一種存在性的經驗。天真是一種信任與敞開來的冒險，只是你習慣封閉自己，至少封閉自己是安全的，但你也同時錯失了某些經驗。

當這張牌出現在：

頭腦：你想要用信任、天真和遊戲的心情來看待你的生活。

忠告：不要把事情看的太嚴肅，試著帶著遊戲和天真的心情去看待難題，你的心情就能得到紓解。如果你的個性傾向嚴肅，那麼在生活中帶著遊戲的心情就能破除很多障礙。如果你不知道如何做，就去跟小孩玩遊戲。

結果：目前你能夠做的就是帶著單純、信任的心，勇敢的敞開心靈並帶著天真來生活。

XX. 超越幻象

牌義：不被假象蒙蔽而能看清真相、只去看那個「真」的，不去看那個「假」的

圖象

　　這張牌的外圍是宇宙，中間有一張覺知的臉，覆蓋在覺知的臉上是一隻蝴蝶，蝴蝶代表世間上所有事物都是短暫多變的，你要有足夠的覺知（臉）才能超越世間的幻象（蝴蝶），直達真相（覺知的臉）。上方第三眼的地方，有打開的花，代表智慧，知道宇宙間萬事萬物都是短暫且多變的，唯有覺知，你才能超越幻象，不被幻象所欺騙。

內涵

　　近三十年來，量子力學家發現世界上根本沒有物質存在，物質是意念波動和累積所產生出來的幻相。但念頭怎麼來的，科學家至今尚未發現。然而佛經裡有答案，佛說，一切法由心想生，宇宙萬物以及自己，是一念無明變現出來的，一念不覺生三細，境界為緣長六粗。「三細」已經被近代科學家發現，「三細」指意念（波動）、訊息、物質。但意念（波動）怎麼來的，科學家至今還未知。波動由一念無明來的。在「菩薩處胎經」裡，世尊與彌勒菩薩有一段對話，佛問彌勒菩薩，凡夫心裡起一個念頭，這一個念頭裡有幾個細念？細念中有幾識？有幾相？念指自然現象，科學家稱為意念（波動）；識，指精神現象，科學家稱為訊息；相，指物質現象，科學家稱為物質。彌勒菩薩回答，一彈指有三十二億百千念，念念成形，形

皆有識。形指物質現象；識指精神現象。每一個念頭裡都有精神現象及物質現象。

　　在舊式的電影放映機，它是每一秒鐘跑24張幻燈片，投射在螢幕上，它就能騙過你的眼睛，更別說一彈指有三十二億百千念，而世界就是這些自然現象、精神現象、物質現象高速糾纏在一起所產生的現象。如果沒有佛為我們說明，我們怎麼有能力知道。了解這些道理對我們的幫助是放下自私自利的念頭，在這虛幻的世界裡，還做那些損人利己的事就太不智了。生命的意義在利益別人，幫助別人覺悟，而幫助別人覺悟最好的方式，是讓他能聽聞到正法。

當這張牌出現在：
頭腦：你在想如何不被假象蒙蔽而能看清真相。
忠告：經典是照妖鏡，能幫助你辨別真假，所以聽師父的教誨及閱讀經典就能幫助你辨別真假。因經典是人天耳目。閱讀經典有如站在巨人的肩膀上看天下。
結果：在目前的情況下，只要去看那個真的，不要去看那個假的。真假的分別，永恆不變為真；短暫會變為假。例如靈性為真，肉體為假。又利人者公，公則為真，利己者私，私則為假。所以，要去看那個「永恆」的，不去看那個「短暫」的。

XXI.完成

牌義：完成、一個循環的結束、自然的結果、了解

圖象

　　一幅拼圖，拼湊成一張覺知的臉，最後一張拼圖將被放在第三眼的地方，代表有智慧的完成。這張臉中的每一張拼圖都是一個辛苦的學習，直到它完整為止。

內涵

　　主牌是靈魂成長的旅程，從傻瓜到完成，從無知到醒悟。每一張拼圖都代表一個課題的學習，直到我們覺悟為止，這是一個學習的完成或必然的結果。

　　以下，我把23張主牌串連成一個故事。人非聖賢，孰能無過。我們這一生是從錯誤中學習（傻瓜），我們都從整體中來，最後也會回歸整體，我們跟整體從來沒有分離過（存在），是我們自己的執著，錯誤的見解讓我們與整體分離，但是當我們修正自己的行為，與生俱有的智慧、神通力就恢復了（內在的聲音）。我們以自己的想法、見解來溝通與作為（創造力），從創造中，我們展現自己的力量跟獨特性來解決難題（叛逆者），在所有的難題中，最重要的問題是生與死的問題，我生從何來？我死從何去？如何超越生與死，如何可以不生也不死（空）。於是，我們透過關係來學習，我們與人的關係不出五種，就是父子有親、君臣有義、夫婦有別、長幼有序、朋友有信，人與人之間不出這五種關係（愛人）。

　　在關係中，就有自我與他人的衝突，或許是名與利的衝突，或許是習慣上、思想上、性格上的不同所導致的衝突，我如何有智慧來化解我與他人的衝突，這需要（覺知）覺知的。人生以服務為目的，生命的意義在，為天地立心，為生民立命，為往聖繼絕學，為萬世開太平。我如何活出真正的自己，並可以利益別人，在自利與利他的取捨中，這是需要勇氣的（勇氣）。當你開始探索生命的意義時，開始探索你與眾生的關係時，你就會往內走，並且更有單獨的能力，因為你走在自己覺醒的道路上（單獨）。你了解每個事情的背後，都有因果法則，以前所受的痛苦跟困難，都是自作自受，為了改變命運，就不得不改變自己（改變）。但人的習性，非一兩日形成的，改變的持續力一定要堅持五年十年，才能突破根深蒂固的習性（突破）。在這個過程中，有困難也有喜悅，困難的是當我們無法突破習性時，所帶來的挫折感；喜悅的是當我們突破習性時，所帶來的成就感，這個成長會帶來新的觀點（新的洞見）。知識與智慧的差別是，知識沒有辦法解決人生所有問題，但智慧可以。智慧怎麼來？智慧是把聖賢的教誨落實在生活上的見證，當你真正落實聖賢的教誨，蛻變就發生了（蛻變）。

　　生命的意義就是透過生活來修改自己錯誤的想法跟行為，當我們開始修正錯誤的行為，斷惡修善，我們就開始跟整體整合了（整合）。它是一個內在的過程，當你越深入地走入內在，你會看到你自己的力量是如何受限於錯誤的想法和行為而無法施展（制約）。於是，你慢慢的開始放掉那些你所執著的想法，你開始清理那些舊有且有害的模式（雷電）。透過這個清理與進化的過程，你變得更容易觀照你自己，也變得更清晰

（寧靜），這個清晰不但有助於你超越前世業力的影響，並且能以因果法則來創造未來（前世）。了解因果法則，你就了解了宇宙人生的真相，也了解如何生活及創造未來，了解賺錢不是靠競爭而是靠福報，因為有這樣的瞭解，心情變得輕鬆、有趣、不嚴肅（天真）。因為你只去看那個「真」的，不去看那個「假」的，所以不會被幻象所蒙蔽，面對短暫多變的人生而不迷失在幻象中（超越幻象）。主牌22張的學習來到了完成，它是一趟提升智慧的學習（完成）必然的結果。孔子說「不踐跡，亦不入於室」，對於師父的教誨，唯有依教奉行，你才能得到真正的利益（師父）。

當這張牌出現在：

頭腦：你在想著某件事的達成，也許你想要這件事發生，也許不想，但是你的頭腦都在想這件事，覺得它是不可避免的。

忠告：存在鼓勵你去承認你生命的某一個階段正在接近完成，試圖判斷它的好壞，是沒有意義的，倒是你要好好的去看它發生的情況。要有耐心，讓事情按照它自己的時間開展。你需要給一些時間來讓任何發生在你生命中的事趨於成熟並達到它自然的結果。如果你試圖催促那個過程，或是將它切斷，你將會錯過你在這個情況下仍然需要的成長。

結果：在這個情況下，你最好是讓事情按照它們自己的路線來發展。會有一個自然的達成或結論出現，但是你尚未達到它，當這件事發生，你就會知道。

第二章　副牌

火之王 — 創造者

牌義：具有創造性的、身口意的作為，善用資源和能力去
　　　達成

圖象

　　禪師代表覺知，你要有覺知的行動、說話和起心動念。火
是行動力，能量的象徵。禪師手中的光，代表明白如何使用這
股能量。

內涵

　　禪代表覺知。明白要得到什麼果，就要種什麼因。創造者
是透過身體的行為、言語的行為和意念的行為來創造，你要覺
知三者都在正確的方向上。例如：身體的行為，在穿著上不能
太暴露，因為穿著太暴露會引發別人的邪思邪念，引發不良的
社會風氣。這對創造者來說，是損福的。還有言語的行為，說
話要基於禮，要有禮節，我看到現在人講話很隨便、很輕慢，
而且還把隨便與輕慢當作是一種時尚。還有講話要先站在對方
的立場想再說出口，這樣的言語就會比較和緩。最後是意念的
行為，它是無形的，但也是最關鍵，因為身體的行為跟言語的
行為都源自於意念的行為。務必讓自己的意念跟儒釋道三個根
相符合（弟子規、太上感應篇、十善業道經），因善念會感召
善果。

　　來自天界的高靈賽斯說，你創造了你的實相，如果你對你自己的現況不滿意，那麼你就要檢查你的意念，是如何創造它們。

　　人活在世間，所追求的東西無外乎智慧、財富、健康、工作、家庭圓滿。而智慧來自於法布施，例如，為人演說正法或流通善書；財富來自於救濟貧人、供養三寶及財布施；健康來自於布施醫藥給貧苦之人或為人排解困難與恐懼。你平日所作的點點滴滴，都在創造你自己的未來。另外，如果行善而不求回報，你所得到的回報將是無限的，而且更能享受那純粹的創造力。

當這張牌出現在：
頭腦：你想要做些什麼事，也許是想要以一種創造性的方式來使用你的能量。
忠告：存在鼓勵你要以創造性的方式來探索並使用你的能量，這可能會是上某些課程，或是開始一項創造性的嗜好，但更重要的是對生命的意義。將你的身、心和頭腦投入到任何情況或活動去找到很深的滿足。你的成長就是很活躍、很有創造力，也許只是在某些特別情況裡。要警覺，當你是負向的、沒有創造力的和懶惰的背後原因。要了解，你的成長有賴於將這個能量導入創造性的模式裡。
結果：你最好是利用目前的情況，以最具有創造性的方式來達到你想做什麼的目的。如果你只有半顆心，或是對它有負面評價，你就沒有辦法這樣做。

火之后 一 分享

牌義：表達和分享、給予、付出

圖象

　　火之后，背景是豐盛的植物代表富足，手中拿的葡萄、石榴還有蠟燭。石榴在古代，唯有皇室才能享有的水果，以它來代表富足。燭光代表洞見，火之后不僅分享食物，也分享她的洞見。

內涵

　　奧修師父說，你給的越多，你就擁有越多；你給的越少，你就擁有越少。如果你根本不給予，你就什麼東西都沒有。這是因果法則。佛在「大寶積經」入胎藏會裡提到，為什麼有人出生在豪門家，有人出生在貧賤家，這些都不是偶然發生的。當投胎者的中陰身見到有緣的父母時，如果投胎者福報厚，父母福報薄時，則不入胎，反之亦然。唯有在投胎者與父母的福報相等時才會入胎。所以，你會出生在豪門家或貧賤家完全由你的福報厚薄來決定，一點都怨不得人。

　　給予會讓你越富有，付出會讓你越有能力。

　　大陸胡小林居士是公司的老板，以前對待員工苛刻，也為了搶訂單，攻擊同業，把自己搞成嚴重焦慮症及癌症，後來，聽到老法師講「一飲一啄，莫非前定」才恍然大悟，原來財富不是靠爭奪來的。後來，他開始學「弟子規」，也帶領員工一起學習，現在，不但管理時間減少，也因對員工及客戶的付出，每

年的營業額都超出他自己的想像。目前，他是中國大陸落實中國傳統文化，帶動經濟發展的實證企業之一。

　　分享是美德，也為自己修福。對貧困的人家給予物質與金錢上的幫助，可暫時解決他們的燃眉之急。但是物資的救濟無法改變一個人貧窮的命。要改變貧窮的命要靠教育。所以古之聖賢人，如基督教的耶穌、回教的穆罕默德、佛教的釋迦年尼佛、儒家的孔子都以辦教育來幫助人。

當這張牌出現在：

頭腦：你想要分享你內在的見解和外在的財富，或者分享你的愛和感情。

忠告：存在鼓勵你去學習什麼是分享和表達。或許你在早年經驗到表達是不安全的，但是目前你的心靈成長已經來到了需要開始去冒那個險。你的成長就是去分享任何發生在你身上的，這可能意味著它對你來講並不容易，但常是唯有透過這種表達的過程，我們才會清楚地了解內在有什麼東西。

結果：在目前的情況下，你最好是表達任何你的感覺，想要成為理性的或是壓抑那個正在進行的並不能讓你得到什麼。不論是精神或物質，越分享，你將會越富有。

火之騎士 — 強烈

牌義：強烈、專注、持續、在一個焦點上前進

圖象

　　一個人火速向前行，背景形成一個三角形箭頭，指向一個目標，是專注地持續朝向一個目標，他的頭腦、身體和心靈都被強烈的動機所推動。

內涵

　　任何事情要成功，除了專注外，還要有持續力。投注所有的精力在一件事情上或很全然的去做一件事，那是一種享受。例如：讀書讀到忘我。

　　當我們有一種欲求，加上行動力和持續力，這種強度就會產生，有些人把目標定在追求財富、名聲、愛情、安全感、健康。每個人所追求的東西都不同，但有一件事是相同的，就是你要以正當的手段去獲得。不然即便你獲得了也很快就失去了。「大學」云：「貨悖而入者，亦悖而出」意思是如果你以不正當的手段賺到了錢，這些錢也會因災難而花出去。所以君子愛財，取之有道。

　　在修行上，持續力也很重要，所以，每日要有定課。

　　佛教我們，晝夜常念思惟觀察善法，令諸善法念念增長，不容毫分不善間雜。這張牌正向是欲求；負向是執著。

當這張牌出現在：

頭腦：你在想著需要在某一個特定的方向行動和成長。或你強烈地在一個執著點上。

忠告：存在鼓勵你集中你的能量去行動，這意味著要拿出你的陽性能量，同時準備拋掉可能會限制你前進的老舊觀念。從你的內在找出那個能夠使你走向你想要的東西的成熟力量。

結果：在這個情況下，你最好使你的能量在一個清楚的、下定決心的方向上繼續前進。

火之小兵 — 遊戲的心情

牌義：不要把事情看的太嚴肅、把歡樂帶進來

圖象

一個小丑在跳舞。小丑本身就是喜悅的代表，他的職業就是帶給人們快樂。

內涵

植物需要陽光、空氣和水，生命也一樣，它需要喜悅的灌溉。

喜悅不需要有原因，它不需要依靠外在，它是與生俱有的。只是我們太嚴肅，而凍結這股能量。所以，當你是嚴肅時，試著唱歌和跳舞，讓遊戲的心情再度流動開來。

當這張牌出現在：

頭腦：你在想著遊戲的心情，或許你想要以輕鬆的心情來面對目前的問題。

忠告：存在鼓勵你允許你自己很單純的去享受你的狀態，去做你想做的事，就只是單純的為了喜歡。很可能你以前從來沒有把歡樂地過生活當成你重要的事情。現在該是學習如何享受歡樂的時候了，即使你有一部分的頭腦或許會覺得你這樣做是不對的或是在浪費時間。你的成長就是去享受，它可能意謂著你對它並不很在行。每當你發現你自己覺得很悲慘或是很嚴肅，要記住，成長是透過允許生命中有更多的歡樂才發生的，而不是透過試圖解決難題才發生的。你被允許享受你自己。

結果：在目前的情況下，你所能夠做的就是去享受它，不需要太嚴肅，或是想了解，或是想把事情做好。除了單純的享受之外不需要再有其他的東西。

火之么 ─ 源頭

牌義：源頭、作為、很強的能量、你的作為要先想到整體的利益

圖象

　　以火紅色的太陽來象徵創造力的源頭。這張牌有兩個意思，當它指向作為，它跟主牌「創造力」類似。當它指向源頭，它跟主牌「存在」比較接近。它是我們共同的源頭。

內涵

　　源頭在東方稱為孝，在西方稱為愛。孝經云：「身體髮膚，受之父母，不敢毀傷，孝之始也；立身行道，揚名於後世，以顯父母，孝之終也」。你創造力的源頭來自報答父母與祖宗的恩德。在西方，聖經說：「要愛你的鄰居，如同愛你自己」。這是愛人如己。孝與愛都來自一個源頭。

　　就整體而言，創造的源頭來自群體。你並非孤伶伶的一個人降生於世，你有有形與無形的群體資源。他們都是跟你有深厚緣份的人，而無形的群體資源大於有形的群體資源，有九倍之多。

　　有形的群體資源，例如：慈濟的慈善事業，能夠凝聚這麼多的人力與物資，是來自群體的力量，而群體的凝聚力來自每個人的源頭，那個源頭就是愛。

　　無形的群體資源，宇宙中，有不同的維次空間，來自較高維次空間的靈體，會幫助地球人。所以你所發出的細微念

頭，都會被接收和回應。回應的方式，因人而異。所以，你有善願，天必從之。無形的群體資源會助你一臂之力，因為我們來自同一個源頭，而這源頭的核心就是愛。把愛化為具體的行為，就是「弟子規」、「太上感應篇」、「十善業道經」的行為。所以，你的念頭要跟這些經典相應，因為你的念頭就是創造力的源頭。就個人而言，創造的源頭來自意念。因為身體的行為跟言語的行為都來自意念的行為。

當這張牌出現在：

頭腦：你想著要如何使用你的能量，或者你想要有更多的能量，或是你在想著源頭。

忠告：能量是我們基本的生命力，目前存在給你的訊息是叫你要融入你的能量，並且跟隨它。只要將你的身體動起來 —— 跳舞、跑步、做動態的靜心，做任何可以幫助你跟你純粹的能量連結的事。在你的成長之中經驗你的能量的各個層面。也許你有很多的能量，也許你的能量不夠，保持覺知來經驗你的存在狀態，你將可以學習到很多。帶著覺知，以一種不固定的方式來移動你的身體，使它成為一種靜心。當你能回歸源頭，你就有無盡的寶藏可以使用。源頭的本質，西方稱為愛；東方稱為孝。

結果：在目前的情況下，你最好是帶著覺知來使用你的能量，跟著你的能量走。換句話說。融入你基本的生命力，看看它會帶你到哪裡。

火之2 — 可能性

牌義：在將了解與未了解之間、將可能經驗到或了解
　　　　到……、可能會發生的

圖象

　　一隻單獨、勇敢的老鷹高飛在空中，當他飛得越高，他的視野就越廣闊。這張牌指出，你有「可能」達到這樣的高度，你有「可能」體驗到這樣的寬廣。

內涵

　　奧修師父的世界，是一個經驗的世界。他的話語不是抽象概念而是真實經驗，他的話語，他的靜心都在把你帶向那個「可能性」。一個抽象概念只會增加一個知識，但是一個真實經驗會帶來蛻變，它是一個內在的成長，例如：奧修師父說，讓風穿過你而不是經過你。師父不是在講理論，他要你去經驗，當你經驗到被風穿透，你跟風的關係就不一樣了，你跟風成了朋友，你跟風成了一體，你的存在將變得更豐富了。如果你要經驗它，你就必須是敞開的，但是，當你是敞開的，你也必然是敏感和脆弱的，所以，敞開變成是一種冒險，因為你不想要成為脆弱的，於是你把自己武裝成一塊石頭，你把一切的「可能性」都擋在外面，成長就變得不可能，唯有放掉那些堅固的執著，來自更高的「可能性」才能進來。這個「可能性」，不只是靈性的經驗，也涵蓋生活的層面。例如：財布施得財富，如果你沒有去做，你就不可能得財富，你就不可能

去經驗這個「可能性」。這張牌如果出現在你的解牌中，代表你有可能經驗到更高觀點的經驗。例如：法師告訴我，別人找你麻煩是消你的業障，以前我不相信這種事，直到我經歷事件後，我才真正相信這句話，並且對找我麻煩的人，從討厭轉變為感激。經驗這個可能性，提高了自己的境界，從不可能轉變為可能。這張牌在提醒你，目前你處在這個「可能性」中。所以，如果你想要成長，你一定要學會不計較、學會放下，因為，執著會讓你像一塊石頭，任何東西都無法進入。

　　人生有無限的「可能性」，它依你多麼有意識而定。

當這張牌出現在：
頭腦：對某件事，你在想著是否有其他的可能性。也有可能是，你對已發生的事，感到懊悔，或對未發生的事有期待。
忠告：你的成長來到一個可能性，它可能是一個更高的經驗或觀點，目前你存在這個可能性中，但它還沒有發生，等它發生，你就知道它是什麼。
結果：你的成長來到可能開啟一個新的經驗或更高的觀點，你要努力讓這個可能性成真。

火之3 一 正在經驗

牌義：以不同觀點看人事物、慢下來，停止機械化的反應、找到新的觀點、新的方式、放下舊有的認知，重新體驗

圖象

一個女人在碰觸一棵古老的樹。她碰觸，但並沒有看那棵樹，而是閉著眼睛向內在去感受這棵樹的訊息，她用「心」去讀那棵樹。她的衣服是多彩的，代表她內在也是多彩的，所以，能接收這顆樹豐富的訊息。這張牌在告訴我們，放掉你的自以為是，打開心胸，重新去體驗。

內涵

老子云：「五色令人目盲，五音令人耳聾，五味令人口爽，馳騁畋獵令人心發狂。」我們的敏感度被過度的色聲香味刺激而鈍化，以至於我們對外在環境和人事物的感受不再敏銳，這會使我們離真知愈來愈遠。這是我們生活在工商時代的代價。

在工商時代中，我們被要求速度與效率。我們在頭腦的驅使下，催趕自己去達成一個又一個的目標，於是我們的感覺跟感受的敏感度就被壓抑了，我們被訓練過著機械式的生活，作機械式的反應，為了就是滿足我們的慾望，但滿足更多慾望，並沒有帶來更多的快樂。

我在印度的生活很緩慢，我過著沒有目標的生活，我常坐在我的庭院裡望著天空、望著樹。我回來台灣以後，跟我哥講

話時，他覺得我的反應變慢，變遲鈍，但我看他，我覺得他是機械式的反應。

如果這種生活模式不能帶來快樂，那麼現在正是改變的時候了。每天，給自己一個小時，慢下來生活，譬如：吃飯的時候，感覺與食物的接觸，感覺食物和舌頭間的互動，感覺食物如何進到你的口裡，你如何咀嚼等等；喝水的時候，感覺水如何通過你的嘴巴和食道，然後進入你的胃；走路的時候，感覺腳板和地面的接觸；洗澡時感覺水與泡沫間的觸感，總之，在生活中慢下來，感覺更多的覺知與感受，來恢復你的敏感度。而且在慢活中，也能降伏你的心浮氣躁。其次，練習碰觸與被碰觸、看與被看、被穿透⋯⋯等等。當你碰觸杯子時，下一個片刻也感受被杯子所碰觸，互相交替去感受，因碰觸與被碰觸它們有不一樣的能量。又看鏡子，下一個片刻感受被鏡子看，又聽聲音，不只是聽，要讓聲音穿透你。

這種練習會大大的打開你的感知力。如同高靈克里昂說：「如果你能夠閱讀能量，你的所知所感將更為遼闊」。

當這張牌出現在：
頭腦：你想要放掉過去的經驗，重新體驗。

忠告：在這個情況下，你最好是去經驗你想了解的事，用想的並不能帶給你真正的了解。真知必須透過你親身的體驗。或放下你對舊有人事物的認知，重新體驗

結果：目前你最好是除去你的主觀和偏見，以客觀和敞開的心，重新去體驗。如果你認為你已經知道，那麼你就無法學習。

火之4 — 參與

牌義：加入、付出和接受

圖象

　　圖案中間是一個陰陽太極圖，它是永恆不變的因果定律。陽代表給予，以白色為代表；陰代表接受，以黑色為代表。圖案中四個人，每個人的手，都是一手向上，一手向下，向上代表接受，向下代表給予。我們的生活所需，需要很多人的參與，在參與中，我們也都互相付出和接受。太極圖及外圍的圓圈和花都是彩色的，代表透過每個人的參與，世界將更美好。

內涵

　　我們每個人都不可能單獨存在，幾天不喝水，你就會死；幾天不吃，你也會死；幾分鐘不呼吸，你也會死。但你感激過水、太陽和食物嗎？如果沒有感激，那你怎麼能夠慶祝。如果沒有感激，那你怎麼能夠回報。況且，一日之所需，百工斯為備。你中午吃的那一碗麵，你要感謝多少人的付出。從農夫的栽種，麵食的製作，工人的運送，到廚師的辛勞，如果沒有這些人的付出，就算你有錢，你也吃不到一碗麵。所以，弟子規說，「人所能，勿輕訾；己有能，勿自私」。別人有能力，你要懂得欣賞，不可以嫉妒；自己有能力，不可自私，而不肯付出。

　　在日常生活中，看到你要感激這麼多人，你對人的恭敬心就油然而生。愛人者，人恆愛之。人與人之間是一個善的循

環。你想得到什麼，你就要先付出什麼。宇宙萬物之間是共生共存共榮的，所以，在參與的過程中，你怎麼栽，你就怎麼收獲。

當這張牌出現在：

頭腦：你在想著參與某個計畫或團體。

忠告：存在鼓勵你加入群眾或團體，或許你已經單獨夠久了，加入團體有你需要學習的事，那是單獨時無法學習到的。對於恐懼人群和社交而退回單獨要很有覺知。在參與中，去看你可以為自己及別人做些什麼並覺察你與別人的連結狀態。

結果：存在鼓勵你去參與，因為你可以從付出與接受中學習到很多。

火之5 一 全然

牌義：專注、專一、在一個時間，只做一件事、投入

圖象

　　三個空中飛人在空中拋接，下面沒有任何的安全措施，只要一分心，有一個閃失，就無法挽回了。所以，當下這三個人非常專注在這件事上。

內涵

　　師父教導我們，要全然的生活，做什麼事情都要很全然。什麼叫全然的生活？如何全然？最簡單的理解就是在一個時間只做一件事，例如：吃飯時間就只是吃飯，吃飯吃的很全然，

意味著你清楚你是如何夾菜，清楚食物與嘴巴的感覺，感覺食物與舌頭的互動，感覺食物的味道，感覺吞嚥及食物如何滑過你的食道，你清楚每一個當下的發生，這就是吃飯吃的很全然的意思。你可以從日常生活中，挑幾樣來練習全然，比方說，吃飯時、走路時、洗菜時、洗碗時或洗澡時，挑幾樣比較簡單的事來練習全然。當你很全然去做某些事，你會變得更放鬆，更享受你所做的事。

　　相反的，有哪些情況會影響你的全然呢？譬如：吃飯時滑手機、看電視，並沒有處在吃飯那個當下去品嚐食物：或你的身體在廚房忙，頭腦卻想著市場裡沒買到的菜，心裡還掛念著要到學校接小孩。當頭腦跟你的心和身體分了家，你就不全然了。所以，你可以在日常生活中，從簡單事物中練習全然，你的身體在哪裡，你的頭腦跟心就要在哪裡。還有，剛開始，全然比較不適合在工作中練習，因為有些工作是需要用到頭腦。

當這張牌出現在：

頭腦：你在想著全然和熱情，可能是你在享受它，或是你想要它，如果是你想要它，那麼光是用想的並不會有什麼幫助。

忠告：你的心靈成長是關於重新發現你生命的熱情，是什麼事在引起你的興趣？是什麼事在使你的能量流動？是什麼事在使你興奮？你無法用你的頭腦找到它，你只能去傾聽你的能量並跟隨它。

結果：在這個時候對你最有利的事就是將你的能量完全投放在你正在做的事，它並不是要去控制或了解的時候，只要很全然的去經驗它，進入你的能量。

火之6 — 成功

牌義：成功、處於順境中、沒有問題的

圖象

　　老虎是力量的代表，象徵威嚴、權勢與地位。一個人騎在老虎上，象徵擁有權勢與地位，從天而降的彩帶，代表接受眾人的喝采，這位仁兄成功的行走在地球上。

內涵

　　我們都喜歡處在順境和成功。當它來臨時，享受它。其實，人處順境是消福報，人處逆境是消業障，所以，真正明白道理的人，處逆境不會起瞋恚，處順境，不會把福報消掉（福報包括錢、地位、權力、名聲、能力才幹），所以，有錢時不會拿去揮霍，而是拿錢去造福；有地位權力時，不會拿權力來損人利己，而是拿權力去造福人群，例如：立法委員透過公共建設，不會仗勢自己的權勢去拿回扣，而是透過自己的權勢造福人群；有名聲的人，例如：演藝人員用名聲來做公益廣告就更有影響力；有能力才幹的，我聽說大陸畫家齊白石他畫兩隻蝦子的價錢，等於你們家一棟別墅的價值。所以，有能力才幹的，可將他的能力才幹做傳承，做培養人才的工作，這樣這些能力才幹才不會失傳。就像弟子規說的，「己有能，勿自私」。人一自私，很多好的東西就失傳了。在古代醫療比較不普及的時候，那些住在高山偏遠的居民，以發出聲音振動身體的方式來醫治疾病。但這種醫療技術無法用書寫方式流傳下

來，只能靠口耳相傳，而且發聲要正確才能治病，只可惜這種技術已失傳。所以，就像這位仁兄騎著老虎行走在世間，受人歡呼時，記得不要消福而要培福。就像孝經說的，「在上不驕，高而不危；制節謹度，滿而不溢。高而不危，所以長守貴也；滿而不溢，所以長守富也」。

當這張牌出現在：

頭腦：對於任何發生的事，你的頭腦都是正向的，輕鬆的，

忠告：你被鼓勵去看，並不需要製造問題或是把事情弄得太戲劇化，每一件事按照它現在的樣子都很好。也許你覺得對問題和奮鬥比較熟悉，但是目前你的成長有賴於對任何發生的事找出簡單的、沒有問題的一面。要小心，不要把事情弄得太困難，看看你是否已經準備好要放手。

結果：在目前的情況下，你最好是以正向的方式來看事情，你在你的目標上是可以成功的。

火之7 — 壓力

牌義：壓力

圖象

　　我們形容一個忙碌的人有三頭六臂，這位仁兄也差不多了。他有四隻手，不但要吹喇叭還要拋火燭，三隻腳還要忙著踩氣球，他整個臉是緊繃的，五官都糾結在一起。他腳下還有一隻猴子威脅並催促他。這個壓力的來源有可能是別人給你的，也有可能是你給你自己的。

內涵

　　只要有慾望，你就無法免除壓力。所以，少欲知足，是降低壓力的方法之一。現代人壓力真的很多，有房貸、學業、工作和競爭等等的壓力，每個人都有不同的壓力，但當你了解因果的道理後，你在面對壓力時，就知道如何調解壓力。

　　我們生活在群體裡，你所做的每一件事，都以群體的方式在運作。這個群體的背後有一股巨大的因果業力在運轉，於是在群體中，人與人之間隨著因果業力的不同而分為善緣與惡緣，善緣是來報恩的；惡緣是來找麻煩的。譬如：你是業務人員，你很容易成交的客戶，跟你是善緣；但有些客戶，忙了很久還是白費功夫，那是惡緣。又譬如：你是業務主管，有些下屬不用你操心，他就會自動自發把事情做好，這是善緣；而那些唱反調的、找麻煩的下屬，就是惡緣。來報恩的是來消你的福報，來找麻煩的是來消你的業障。所以，來找麻煩的，也不

是壞事，都是有前世的因果。如果你希望來報恩的多，那你現在就要常常施恩惠給別人。所以，做業務不是靠競爭成交的，而是靠福報。既然做業務不是靠競爭，就沒有競爭的壓力了。我以前做業務，因為壓力大，而得了大腸急躁症。如果我當時了解這些道理，我就可以調解壓力。我感謝那些來報恩的客戶，我也感謝那些來消我業障的客戶，當你了解這些道理後，你會很心甘情願的去付出，因為你知道你的付出，必然有因果的回報，當時機成熟時，事情自然會發生。凡事都有因果法則，事情的背後都有因果在運作，你給自己的壓力並不能違反因果法則，那你又何必給自己壓力呢？

當這張牌出現在：

頭腦：你在想著你的壓力。

忠告：壓力或許是成長的推動力之一，但它不會持久，你可以以更健康的方式來行動。佛家說：種什麼因，得什麼果。任何事業要成就，只要遵循正確的因果法則就能水到渠成。

結果：只問耕耘，不問收穫。事情的來臨有它自己的時間點，循著因果法則走，就能水到渠成，所以你不需要給自己壓力。

火之8 — 旅行

牌義：旅行、過程就是目標、移動、改變

圖象

　　圖片上是一座山嶺，在這長長的路徑上，有一個行人在行走。這張牌在告訴我們，不要把注意力放在目標上，其實過程是更重要的。過程就是目標，在旅行中，每一個過程都是目標。

內涵

　　生命是持續的，沒有終點，不要匆匆忙忙的去達成目標，而喪失對過程的耐心。不要為了趕路而沒有覺知當下。不要為了快速的達成目標而沒有務實的在每一個過程中。如果你務實的在每一個過程，目標自然而然就達成了。目標是方向，路徑就是那個過程，路徑走的好，目標就達成的好，例如：結婚是一個目標，但在婚姻中的學習跟成長對我們更具有意義，它讓我們變成熟。生孩子是一個目標，但在養兒育女中，才真正體驗到為人父母的辛勞，而且透過養育孩子，讓我們變得更堅強，所謂女遇母則強。過程可以帶給你很多的學習，所以你不需要匆忙的趕路。

　　永遠都不要匆匆忙忙，因為在匆忙中，你會失去每一個當下，而每一個當下才是真實的片刻，你存在的片刻。所以，當你匆忙到達目的地時，你反而會有一種失落感，而為了避開失落感，你不得不另立一個目標，然後，這個模式就一直循環下

去。現在，這張牌提醒你，放慢腳步，過程就是你的目標，享受過程，享受當下，享受你在做的每一件事，那麼，每一件事就是神聖的。

當這張牌出現在：

頭腦：你想要去旅行，或想做一些改變，或者你知道某件事只是你生命中的一個過程。

忠告：奧修師父說，你無法挫折一朵白雲，因為它所到之處，就是它的目標。每一個過程，都是你的目標，所以你不需要趕路，只要安住在每一步路上。在過程中，要常停下腳步，問自己我在哪裡，我在做什麼，來幫助自己安住在每一步路上。

結果：在你目前的問題上，一次只要解決一個問題，不要貪多，不要求快，一步一步踏實地走，你自然會達到目的地。

火之9 ── 精疲力竭

牌義：能量耗盡了、體力透支

圖象

　　一部垮掉的機器，因過份的運作而支離破碎。它隱喻著當我們體力透支時，我們的身體也有可能像這部機器一樣垮掉。

內涵

　　欲望會蒙蔽心智，不斷追求物欲的結果，讓我們變得越來越愚癡。不斷追求快速與效率的結果，讓事情本末倒置。台北捷運鄭捷事件，讓他的父母驚恐，不知道為什麼自己的孩子會變成這樣；學校霸凌事件不斷，讓老師感到頭疼；社會事件層出不窮，讓警察疲於奔命；恐怖攻擊，讓世界處於動盪不安，小從家庭，大至國家社會都處在精疲力竭中。以上問題的根源在哪裡？古人說：「眾生苦，因為聖教衰」，現代，雖學校林立，但教育著重在科技與技能，而忽略倫理、道德、因果教育。尤其是男女關係混亂，界限不清，導致離婚率上升並延伸出單親問題，這是社會動亂的根源。道德仁義禮智信，是中國傳統文化的核心，但現代人卻視為八股，不合潮流，故道失而後有德，德失而後有仁，仁失而後義，義失而後禮，禮失而後天下大亂。古人把問題根源看的清楚。「建國君民，教學為先」，教育是安定社會之鑰。

　　古人的教誨粗分三大類：

一、就教育而言，中國古人非常重視家庭教育，因為有家庭教育才能落實學校教育，有學校教育才有社會教育和宗教教育。所以，家庭教育是所有教育的核心。但現代人忽略了

家庭教育，以為孩子的教育是老師和學校的事。試問，如果父母都教不動孩子了，老師教的動嗎？很多社會問題都是從家庭問題延伸出來的。所以，好的家庭教育是社會安定的基礎。因為它是源頭。

二、就年紀而言，小孩要培福，壯年要造福，老年才享福。所以，小孩從小就要養成節儉的習慣，而且要參與家事勞動，因習勞才知父母恩；壯年要造福，要多行善事；老年時，才享福。

三、就角色而言，要敦倫盡分，克守五倫中，應盡的職責。父子有親、君臣有義、夫婦有別、長幼有序、朋友有信。你在什麼角色，就克守什麼職責。

教育是解決問題的根本辦法，如果本末倒置，將事倍功半，讓人精疲力竭。所以，早在西元1970年英國歷史哲學家湯恩比博士就提倡要解決二十一世紀的社會問題，唯有中國的孔孟學說與大乘佛法。

當這張牌出現在：

頭腦：你在想著會被榨乾這件事，或想著你的疲憊，或者更可能的是，你想要懶惰和無為一下。

忠告：存在鼓勵你停止做為，進入那個不催促的狀態，你或許會稱之為懶惰。冷卻下來，休息一下，不論你認不認為有這個需要。生命中有些東西，我們只能透過無為才能夠得到，目前你的成長就是學習如何向後躺，什麼事都不做，可能你還不習慣這樣做。

結果：在目前的情況下，你最好是什麼事都不做，不論事情是怎麼樣，就讓它去吧！你或許已經做得夠多了。

火之10 一 壓抑

牌義：能量卡住了、被壓抑的能量、受阻的能量

圖象

　　一個人的能量被限制在石柱裡，頭腦被烏雲所覆蓋而無法清晰，全身也被繩索捆綁而無法行動。但這被壓抑的能量依然在尋找釋放的出口，因石柱的周圍已經開始龜裂。在石柱的背景裡有亮光，代表當知見正確時，壓抑的能量就能轉變成創造的能量。

內涵

　　如果要了解壓抑，就必須知道它是如何產生的。我們每一個行為背後，都有推動它的因素。信念產生了情緒，情緒產生了行動力，行動力產生了一個結果，這個結果又產生了另一個信念，這個信念又產生另一個情緒，週而復始的循環。當外在的發生，不合你的信念，便產生了情緒，這個情緒有可能產生三種行為：(1)釋放(2)壓抑(3)中庸之道（釋放但又有節制）。一個人常壓抑自己的能量，是會生病的。所以，在奧修的靜心裡，有很多紓壓的靜心，都是在安全和理性下，疏導壓抑的能量。透過放掉這些壓抑，能夠創造出內在的空間，讓頭腦的烏雲能散開一些。所以，第一個幫助是靜心，像亂語靜心、動態靜心，或者運動也是釋放壓抑的好辦法。第二個是理解，透過理解來轉換這股壓抑的能量。我有一位信佛的朋友，她告訴我，她修忍辱卻忍出一身病來。忍在某種程度上來說，也是壓抑，但如果透過理性來疏導，就不會有事。例如：人與人之

間，有四種緣份（報恩、報怨、討債、還債），你如果遇到來討債與報怨的，如果不忍，這債怎麼還得了？還有，能量是一體的兩面，它是可以轉換的，透過饒恕，恨能轉變為愛，壓抑能轉變為創造力。壓抑的能量裡有創造力，當你能理性去疏導這壓抑的能量，就能轉變為創造的能量。

　　所以，奧修師父教導我們去表達而非壓抑，因為你所壓抑的情緒將會變成你無意識的一部分，且以無意識的方式來影響你，而健康表達情緒的方式不是把情緒發洩在別人身上，因那將會產生連鎖效應而回彈到自己身上。健康表達情緒的方式，是讓自己獨處一處，對空氣或枕頭之類的東西發洩你的情緒，打、跳、喊、踢或者做亂語靜心、動態靜心等等，這些健康的表達方式，能使壓抑獲得釋放。

當這張牌出現在：

頭腦：你在思考關於被約束或是被限制的事。

忠告：在這個時候，存在對你的生命採取限制的手段。你或許會渴望繼續你平常有所作為的模式，但是你被鼓勵要打破這個模式，使你自己退回來。目前你處於一個受限制的狀態，你並不喜歡它。但事情就是這樣：你卡住了、遭到壓抑、或是在某方面受到了限制，一切你所能夠做的就是繼續去經驗它，使它成為一種靜心，稍後你可能會感激有這個讓你學習的機會。

結果：在目前的情況下，你最好是從你一直在走的方向退回來，目前有一些限制是你所需要的。

水之王 ─ 治療

牌義：治療、坦露受傷且脆弱的自己以便得到治療、拿掉虛假的自己、懺悔改過是治療的第一步

圖象

　　一個男人赤裸著身體，接受愛的大手碰觸。因為他的敞開，他的身體周圍都有愛的治療之光的圍繞。赤裸著身體代表敞開，當一個人是敞開的，那麼過去那些傷痛就能浮現並且被治療。光及蓮花代表治療的氛圍。

內涵

　　一個愈成熟的人，愈能敞開自己；一個愈成熟的人，愈能暴露自己的脆弱和創傷。但我們都攜帶著創傷，並隱藏著且害怕別人知道。於是，我們在創傷上蓋上一層又一層的保護膜，最後演變成虛假的自我。然後，我們就帶著這個虛假的自我過生活、交朋友、進入婚姻，但最終，虛假的只能產生出虛假的，虛假的無法產生出真實的。

　　真實中，有常樂我淨；虛假中，只有空虛。

　　自我本身就是一個問題，它不是走向自大，就是走向自卑，兩者無法單獨存在，它們是共存的。不論你是自大或自卑你都是受苦的。因為，有自我就一定會有創傷，如果沒有自我，那有誰要來創傷呢？所以，治療的第一步就是去看出這虛假的無意義。以前，你是在創傷上蓋上一層又一層的保護膜，而要撕掉這些保護膜，就像把門打開一樣，這個門只能由內打

開，不能由外打開。所以，沒有任何一個人能撕去別人的保護膜。所以，你是你自己的治療師，其他的治療師只是一個協助，當你準備好放下自己的執著、見解，願意敞開接受現況，傾聽真理時，治療就已經開始了。

當這張牌出現在：

頭腦：你在想著你的創傷或目前某些情況引發你的創傷。或是你想要敞開並坦露內在受傷的自己，以便得到療癒。

忠告：存在鼓勵你拿掉你的防衛和假面具，它們是你沉重的負擔。你不需要向別人證明什麼，也不需要透過別人的眼光來證明自己的價值，你的價值應由你自己來肯定。去尋找你自己的喜悅和滿足。

結果：目前正是釋放埋藏在心裡的痛苦的時候，讓內在的創傷暴露在愛的治療之光底下，我們就會變得更完整。在愛裡面不需要懼怕。

水之后 一 接受性

牌義：敞開、敏感的、易受傷的、接受、隨順、柔軟、受
　　　害者

圖象

　　這個女人的身體與大海融為一體，代表她與大海一樣，具有柔軟與接受性，能接收別人與環境的能量與訊息。她的頭以智慧的蓮花為代表，蓮花的根從海底的淤泥生長到出水面，代表她的頭腦不受淤泥污染，身體與大海融為一體，代表與眾生有共感的能力，但又不迷失在那些感受裡。她的雙臂向上舉，代表敞開並臣服於真理。她處在世界裡（淤泥），但不屬於這個世界（蓮花）。

內涵

　　在修行的路上，自我是障礙，自我愈大障礙就愈大，自我愈堅固障礙就愈堅固。接受性這張牌提醒我們要像水一樣的柔軟、隨順和接受。但在隨順和接受中仍不失你的覺性。也就是說，你隨順環境和人，但在隨順中仍不失你對事情的是非對錯的判斷。你知道是非對錯，但你又不計較別人的過錯。因為這樣，所以你能夠有接受性。

　　另外，在隨順別人的過程中，常常會衝擊到你的執著和自我。這個衝擊，你可以當作是試煉，看你能放下多少執著。在處事中，學習柔軟、隨順和接受，目的是為了對治自己的脾氣和執著，因為當執著愈少，你就愈有智慧。如果這個接受性達

背了這個目的，它可能會變為被別人奴役而感覺到受傷的受害者。你是臣服於真理而非臣服於個人或關係。所以，你自己要去分別，這個接受性是在對治自己的習氣，還是讓自己變成受害者。接受性，另一個品質是敞開。

當這張牌出現在：
頭腦：你想要成為柔軟的或具有接受性的，或是在想關於覺得像是一個受害者。
忠告：目前存在對你的「心」下功夫。你被鼓勵拋掉你的防衛而成為具有接受性的，更加注意到你的感受和感覺，而不是抗拒它們。接受比給予更是一個微妙的藝術，因為它消除了自我。你的成長繫於保持敞開和成為具有接受性的，它可能是你想要避開的。要真正使它成為一種靜心，不要用關閉來加以保護，即使那會使你感覺受到威脅。
結果：在目前的情況下，你最好是保持柔軟和具有接受性，允許你自己去感覺任何浮出檯面的事，使心保持敞開是唯一能夠知道我們的感覺的方式，但是我們常常會試圖用頭腦來找我們的感覺。

水之騎士 ─ 信任

牌義：信任聖賢的教誨、信任因果、在懷疑中信任

圖象

一個人在空中跳躍，下面沒有任何安全保障，當你信任，你就可以跳入未知，你就可以去冒險。

內涵

如果你用「相信」這個名詞來了解「信任」的意思，或許對你會有幫助。當你能夠信任，你就可以放鬆和交託。奧修師父說，你不可能等到完全沒有懷疑時，你才信任。如果要這樣，那信任永遠不可能來臨。你必須在懷疑存在時，信任。如果能夠這樣，那表示信任比較多，而懷疑比較少。你給信任的注意力比較多，給懷疑的注意力比較少。然後慢慢的，如果你的整個注意力都朝向信任，懷疑就慢慢消失了。

生命永遠都是走向未知，如果沒有聖賢人引導，我們如同盲人一樣在黑暗中摸索。話雖如此，但我們對於聖賢的教誨又有幾分的信任？但你可以去做實驗，讓實際的情況回饋給你。當你財布施，幾年之後，你的財富一定會增加；當你法布施，你會覺得你變聰明了；當你無畏布施，你會覺得你身心安穩。把注意力放在信任上，幾年之後，你就可以用你自己的經驗來告訴你自己答案。

因果是一個看不見，但真實不虛的網絡，如果沒有佛為我們說理指路，我們就如同瞎子摸象，在黑暗中摸索。每個人的智慧、財富、健康，種種際遇皆離不開因果關係。這就是為什

麼佛法僧被稱為三寶。佛是覺悟的意思，徹底了解宇宙人生的
真相以及因果道理，故被稱為佛寶；佛滅度之後，留下經典，
被稱為法寶；僧為我們解說經典並把它落實在生活上，被稱為
僧寶。外在形象的佛法僧三寶不是讓你拜祂求平安發財的，外
在的三寶是協助你把你自己內在三寶「覺、正、淨」彰顯出
來。覺，你本來就是佛，具有覺悟的能力；正，指正知正見，
正確的知見要靠經典來建立，因經典是人天的耳目，是你回家
的指路牌；淨，指過清淨無染的生活，因清淨心生智慧。

　　所以，信任聖賢的教誨，是你迷航中的繩索，你要緊緊的
抓住。

當這張牌出現在：
頭腦：你已經決定要信任任何發生的事，或者至少想要這樣
做。
忠告：存在鼓勵你去深入信任，信任你自己以及你生命的走
向。或許事情的發生對你來講沒有意義，或者你並不知道到底
是怎麼一回事，不需要知道，你可以信任你跟你個人的慾望和
恐懼更高的存在是有連結的，而且每一件事都按照它必然的情
況在發生。或許有一些事的發生你並不喜歡或並不了解，或是
你不信任你周遭的人，但是你目前的成長就是有意識的信任。
繼續將你的覺知帶回到那個感覺，並將懷疑趕走。
結果：在這個情況下，你最好是信任。試著去了解或改變目前
正在發生的事是沒有用的。目前所發生的事並沒有什麼不對，
即使你的頭腦想要告訴你不是這樣。對目前所發生的事說「是
的」，接受它，並從中學習。信任是沒有任何條件的，當我們
能夠放掉執著才能融入更大的整體。

水之小兵 ─ 了解

牌義：限制、你的執著就是你的牢籠、達到真知所需要的了解

圖象

　　有一隻小鳥困在籠子裡，但其實這個籠子是有出口的，且欄杆也漸漸在消失，其他的小鳥很慈悲的在呼喚這隻受困的小鳥飛出虛幻的牢籠。

內涵

　　我們愛錢財、名聲、地位、愛被人讚美和被人需要，但很少人發現你所愛的就是你的牢籠。人的生活所需不多，但想要的還真不少。而慾望就像無底洞，再怎麼填補總覺得不足，而且在慾望的追逐中，我們很無意識的被推著走，我們被困在一種模式裡而不自知。現在你有機會走出這受困的模式，去看到你的執著就是你的牢籠。

　　這張牌在告訴我們，我們的阻礙是自己造的，解決的方法，如同孔子教我們的，「行有不得，反求諸己」。自己的苦，是自作自受來的。

　　我們離真相非常遠，所以，釋迦牟尼佛才需要講經說法四十九年，一步一步帶領我們了解真相。在我自己學習歷程，我所了解，要達到真知有兩種途徑，一種是奧修師父教導的靜心；另一種是淨空法師教導的實修。奧修師父說，靜心的精髓在發展觀照，在發展正確的「看」，當你能夠正確的「看」，

問題就被融解了，問題不是被解決而是被融解。淨空法師說，如果你對宇宙人生的真相明白了，對因果的道理通達了，你就知道如何面對問題，如何因應。因為，智慧可以解決一切問題。而要獲得智慧的方法是對教理聽話、老實、真幹，以實修的方法漸進。靜心是一個跳躍；實修是按部就班一步一步朝向真知，在「信」、「解」、「行」、「證」的互資中前進。

當這張牌出現在：

頭腦：你感覺到受限，有困難，或者想著如何解決它們。

忠告：你所感受到的限制是你自己的假象，你的慾望和對事情應該如何的執著都在創造出捆綁你自己的牢籠，放下執著，你就能飛出牢籠，外面廣大的天空就是你的。執著會讓你的能量受限，愈執著你就越渺小，但放下執著從來都不是一件容易的事，讓聽經聞法幫助你穿越它。

結果：那個限制是一個假象，當你明白道理或有覺知，那個限制就不存在了。

水之么 ─ 順著流走

**牌義：成為沒有選擇的，對生命說「是的」、接受命運是
　　　改變命運的第一步**

圖象

　　河流代表生命之流。一個人躺在河流裡順著流走，代表他
隨順著命運走，沒有反抗，因為任何事情都有因有果，你可以
改變「因」來影響「果」，但你沒辦法直接改變「果」，所
以，對於無法改變的事，接受是唯一辦法。今世的命運由前世
造，要改變今世的命運，由「因」上造。

內涵

　　古人有一句話，「欲知前世因，今生受者是；欲知來世
果，今生作者是」。要知道你前世如何，看今世的果報就知
道。你今世有錢，代表你前世有做財布施。如果想知道來世，
看今世的作為便知道。任何事情都有因、有果，想要改變命運
只能從「因」上改，「果」上是無法改變的。「順著流走」這
張牌在提醒我們，前世因已造，如果要抗拒今世果，不但不可
能，還會徒生煩惱。其實任何不好的果，都不可怕，人只要肯
懺悔改過，命運是可改變的。譬如：淨空法師在年輕時，很多
算命的都說他是貧賤命。不但沒錢、沒地位，而且還短命。淨
空法師是二十八歲學佛，從聽聞因果的道理後，開始修因。他
說三年後，他感覺錢財開始多了。晚年，他每年可布施一千萬
美金，他說這是他年輕時，想都想不到的事。

　　還有，人會生病有三種原因，第一種是四大不調，第二種
是冤業病，第三種是業障病。

　　第一種四大不調，要從飲食、生活起居及看醫生來醫治。把四大調和了，人就健康了。

　　第二種冤業病，就是前世的冤親債主找上門，這種病需跟冤親債主調解，調解後，病才會好。歷史上最有名的就是慈悲三昧水懺，悟達國師的故事。悟達國師（袁盎）膝蓋上的人面瘡就是十世以前的仇人晁錯，附在膝蓋上，要來報仇的，後經迦諾迦尊者的調解才離開的。

　　第三種是業障病，這種病需透過懺悔才會痊癒。在清朝有位王鳳儀先生，他是修行開悟的人，他發展一種講病的能力，不用打針、不用吃藥的治療法，病人來找他，他能講出病人的過失，病人聽他講病的過程，會開始出現生理反應，有些人會吐、有些人會拉，然後經過病人的懺悔，病就好了，現在，還有王鳳儀的弟子在世界各地，為人講病、治病的行跡。

　　前世造的因，今世受果報，所以，不論你處在何種境緣，都要成為沒有選擇的，對生命說「是的」。那麼，不論你處在什麼情況，你的心都能安住在當下。

當這張牌出現在：

頭腦：你想隨著任何發生的事流動。或檢查其他的牌，看你的隨順是否在逃避你不想面對的問題。

忠告：存在鼓勵你放鬆的進入生活，輕鬆一點。你只要對任何發生的事說「是」，而不要試圖想要使某件事情發生。也許你可以試著以「容易就是對的」的態度來運作看看。你目前的成長有賴於對事情說「是」，放鬆地進入生命之流。它聽起來好像很容易，但是對你來講一定很困難，如果你發覺你自己變得正襟危坐，那麼你可以深呼吸一下，將你的恐懼和緊張放掉。

結果：對目前的情況說「是」，並跟著它流動。

水之2 — 友誼

牌義：友善、不依附的連結、對感情不執著、帶著自由的愛、在關係中是獨立的

圖象

　　兩顆樹各自紮根在自己的土地上。樹上的枝葉，彼此交叉，分享彼此。這張牌以樹來代表人，它們各自獨立而不依附對方，交叉的樹葉代表分享它們各自的喜悅與憂傷。友誼這張牌是在講關係，任何類型的關係。

內涵

　　一個成熟的關係來自一個成熟的個人；一個健康的關係來自一個健康的個人。在關係裡，控制、占有、嫉妒、要求、威脅、依附、對價、競爭等行為會讓人感到窒息；允許、同理心、分享、給予、幫助、愛、給對方空間等會讓人感到滋養。

　　關係是一面鏡子，你透過關係來看見自己。我曾經有一位個案，她有一個困擾，她對一位朋友十分的好，但她朋友只回饋她八分的好，她因感到不平衡而悶悶不樂，這個關係是對價關係，如果對方沒有給出等量的友誼，她就感覺到受傷。在關係裡，每個人都有各自的狀況，你如果可以開心的給予，也允許對方依他自己的能力回饋你，如果你可以這樣做，對方不但會感謝你的體諒，你也從這個對價關係中自由了。你給予是因為你開心，至於別人有沒有能力回饋你，與你的給予無關，這才是一個獨立健康的關係。

　　另外，在男女關係中，關係是交纏，友誼是分享；關係是要求，友誼是允許。當關係成熟時，關係會轉變成友誼，會從緊張與要求轉變成單獨與允許，能夠給予對方空間的關係，這時，真正的愛才會產生。另外，有關交朋友，論語有一句話，「君子以文會友，以友輔仁」。用好文章與朋友交流，交友是為輔仁，也就是「弟子規」說的，「善相勸，德皆建，過不規，道兩虧」；「益友有三：友直、友諒、友多聞」，這是自勉與擇友的條件。

當這張牌出現在：

頭腦：你在想著你跟別人的關係，或許你想要在關係裡變得更友善一點。

忠告：存在鼓勵你，在你自己裡面找到友善的品質，對自己和對別人都抱以友善的態度。很實際地以友善的態度來對待每一個情緒狀態和外在的發生，不要批評。那個訣竅就是要停留在你的心，但是不要執著於你所感覺的，要了解，所有的情緒狀態都會來來去去。在你跟別人連結的關係上，或是對於你的情緒，你的成長就是要將愛和自由結合在一起，這並不是一件容易的事，因為它涉及要放掉任何想以合約來保障的需求。

結果：在目前的情況下，你最好是對一切的發生都很友善。或者如果它是在一個關係裡，你需要跟這個人走向一個新的、更高的空間，在那個空間裡，你可以以一種敞開的、寬廣的心胸來愛，而不是使用合約和佔有。

水之3 — 慶祝

牌義：慶祝、歡樂，對一切事物心存感激

圖象

　　下雨天會帶來很多不方便，地上的泥濘也真是令人討厭，但這三位女生在這種環境下，還能以慶祝的心情來面對。在生活中或許有些不順遂的事，但誰說在不順遂時，不能以慶祝的心情來面對呢？

內涵

　　你有沒有發現，你沒有要求太陽，太陽卻灑落在你身上；你沒有要求雨水，但雨水卻滋潤你；你沒有要求空氣，空氣卻圍繞著你，你的父母給你健全的五官、健康的身體，大地豐盛的五穀滋養著你，菜市場裡琳瑯滿目的蔬果，路邊攤那一車又一車豐盛的蔬菜與水果，它們都來自大地，當我看到這些我的心裡好想跪在地上親吻大地、感謝大地，那種沒有言語的感激湧上我心頭。

　　在生活中，有很多事都能喚醒你的感恩心，只要你放慢生活步調，它們就在你周遭。你是否看過一隻玩耍的鳥在天空一邊飛一邊玩，牠跟你分享了牠的喜樂，牠的生命跟你的生命並不是分開的，而是可以分享的；地上的一隻螞蟻，牠為了避開你的腳步，很有靈知的隨著你的腳步迂迴前進，牠只是一隻螞蟻但卻這麼有靈知力；在家裡抓到的蚊子，看到牠們雄壯威武很驕傲的樣子，一隻蚊子可以這樣活著，那麼人為什麼要自卑

呢？我還曾經看過一隻德國蟑螂，牠的小孩剛孵化出來，牠走到哪裡，那群孩子就跟到哪裡，母愛的偉大不只人類有，在蟑螂媽媽身上也可以看到。我們周遭事物都在喚醒我們感恩與慶祝的心。

　　試想，我們是先有富足的心，而後創造出富足的生活，還是先有富足的生活才有富足的心。佛說，「一切法由心想生」，當我們心存感激時，富足就隨之而來，慶祝就隨之而來。

當這張牌出現在：

頭腦：你想要輕鬆一點，帶著遊戲的心情而不要成為嚴肅的，或者也許你知道你在人生的某個部分是在玩遊戲。

忠告：存在鼓勵你真的輕鬆起來，也許你傾向於把事情看的太嚴肅了，生命並不需要如你所想的那麼嚴肅，那麼沉重。你可以給你自己一些空間，允許你自己變得輕鬆一點，不要那麼緊張，也不必凡事都要講求意義。你目前的成長就是找到一個方式來慶祝任何正在進行的事。看看你是不是能夠對你自己或是對任何發生的事一笑置之，不要把事情看得那麼嚴肅。

結果：在目前的情況下，你最好是不要把事情看得太嚴肅，保持輕鬆和遊戲的心情。

水之4 — 轉入內在

牌義：往內看、反省、反思、觀照、利用外在的發生來作
自我的成長

圖象

　　一個女人以靜坐的姿勢坐著，眼睛閉著往內看，她不去理會頭腦或外在的諸多意見，也不去理會內在情緒的起伏，她處在自己的寧靜裡，因為她能與頭腦跟情緒保持距離而不受打擾。

內涵

　　轉入內在是向內看。所以，孔子提出九思：視思明，聽思聰，色思溫，貌思恭，言思忠，事思敬，疑思問，忿思難，見得思義。孔子說，君子有九種事情要反思，看是否看清楚了、聽是否聽清楚了、臉色是否溫和、表情是否謙恭、言語是否忠誠、工作是否敬業、疑問要請教、憤怒要考慮後果、見到好處要考慮應不應該拿。轉入內在是對自己的反思、反省。

　　另一種轉入內在的方式是靜心，靜心是向內看。靜心是在學習如何與頭腦保持距離的方法，當我們有能力看著思緒而不受它影響時，你將發現你內在的清淨從來沒有被打擾過，也不曾被染污過，是這份清淨起覺照的作用。

　　平常，我們被無明的欲望拉扯而奔波，過著盲與忙的生活，現在你可以換一個方式，往內看，當你不再以機械式來作反應時，你會如何對當下做反應？後者的方法比前者難。兩者都是轉入內在的方法，反思、反省還有觀照。

當這張牌出現在：

頭腦：你想往內看你內在的發生或你在想著如何利用外在的發生來做自我成長。

忠告：你目前主要的學習是吸取經驗或利用外在的發生，將它們視為一個用來了解自己的機會。

結果：在這個情況下你最好是讓自己吸取那些經驗並從它學習。往內看你的信念是什麼？內在的信念能幫助你去穿越外在的障礙。往內去找尋你的資源。

水之5 — 執著於過去

牌義：執著

圖象

這個女人的頭，被框在四方型的盒子裡，盒子上面有無數張嘴，說著如果當初如何又如何……。她一直想著過去，她的生命停留在過去，以她穿著破舊的衣服為代表。執著過去只會帶來痛苦與貧乏，放下過去，生命才有新的契機，水晶杯代表處在當下的美好。

內涵

執著是我們很深的習氣，縱使保持警覺，也常常脫離不了，雖然如此，你還是要不斷的提醒和練習。你可以用「理」來提醒自己，用「事」來做練習。

關於「理」，你要如何提醒自己呢？你可以這樣想，有一天，這個身體也會死亡，如果這個身體你都執著不了了，那還有什麼東西，你可以執著的？每一樣東西最終都會脫離你的掌控，為無法掌控的東西而執著，你就會受苦。世間沒有一樣東西不會變，沒有一樣東西是永恆的，你想執著，你也無法執著。

關於「事」，如果你執著錢，你就用財布施來放掉對錢的執著。因為如果你可以把錢送給別人，那就沒有再貪錢財的道理了；如果貪著美色的，就想像這具身體死了會發臭的，你不會想要抱著一具發臭的身體睡覺吧？所以，即使眼前是俊男美女，只要想像最終他們只是一具發臭的身體，就比較能伏住貪著美色的執著。還有美色只是聚合的假象，例如：我們覺得一頭烏溜溜的秀髮很美，但是如果一根烏溜溜的秀髮掉到你的飯裡，為什麼你就覺得噁心呢？所以，美色是假象，當它分離的時候，你就不覺得美了。所有一切美色都會變的，沒有辦法持久，你想執著也執著不了。執著會讓你的生命變得貧乏，你要學會放手，讓過去的就過去了，從今天起，好好學習聖人的經典，過有智慧的生活；另外有些人是執著名聲，古人有句話，德不配位，必有災殃。如果有名聲但沒有德行，名聲來的時候，災難就跟著來了；有些是嫉妒心強的、好勝心強的，對治的辦法是稱讚別人，用讚嘆別人，轉自己好勝的念頭。

執著是帶著過去舊有的認知來經驗當下新的生命，所以，執著會讓你一再錯失去經驗新生命的機會。

當這張牌出現在：

頭腦：你執著於某種觀念來看你的人生，所以你的想法並不客觀和清晰。你知道你緊抓著某種規範或觀點。

忠告：你執著於過去的經驗並處於它的循環中。用過去的經驗來經驗新的發生，你將錯過生命要帶給你的成長。放下它，給你自己更新的機會，執著只會讓生命停滯。你要去看為了這個執著你所付出的代價。

結果：執著過去已經無法改變和彌補的事，只會虛耗能量並停止生命往前走，放手吧！就讓過去的過去，你可以從事件中學習，但不要停留在懊悔裡。

水之6 ─ 愛情夢

牌義：欲望、夢想、愛的制約模式、幻想

圖象

這個女孩有個夢想，她夢想會有一位完美的男人來愛她、照顧她、給她所需要的一切。她所想要的，都會完美的實現。

內涵

圖片中，這個女孩望著由自己所投射出完美愛情的影像，她完全沉浸在這份完美的關係中，並認為對方會滿足她所有的欲望。這個模式似乎常在關係中演出，但很快的也隨之破滅。面對這樣的結果，我們總認為是自己找錯對象，實不知是欲望蒙蔽了我們去看清事實真相的能力。

　　我國中的時候，是個愛做夢的女孩，凡是在現實生活中得不到的，我就用做夢來滿足自己。做夢變成是我的一個補償作用。愛做夢的習性會讓人沒有根，沒有面對現實的能力，因為做夢是在逃避現實和真相，所以，會跟現實脫節，例如：遇到難題時，愛做夢的人會有僥倖的心理，希望問題自動消失或是有某個人出現解決了這個難題，而不是自己去面對和解決問題。

　　從主牌傻瓜到完成，生命的目的在覺醒，但做夢讓人昏睡，做夢跟執著一樣，都讓生命處在停滯的階段。所以，每當你覺知到你處在做夢的狀態，就要把自己拉回現實，雖然，目前的狀態不是你喜歡的，但處在當下這個片刻才是真實的。活在真實裡，人才會成長。

　　喜歡做夢的人，要把能量往下帶到下盤、腰部以下，讓自己有根，踩在地上，讓自己務實並學習處在真實裡。剛開始學習時，或許有恐懼，或處理事情顯得笨拙，但這是走在正確路上一個新的學習。

　　另外，我觀察到很多來自不完整或問題家庭的少女，她們為了想要有一個完整的家，往往在看不清楚問題的情況下，很年輕就結婚，婚後她們的愛情夢很快就破滅了。慾望跟夢想，往往讓她們看不清真相而走錯路，而受苦。我知道有些基督教機構有提供婚前輔導，如果有需要可以去詢問。

當這張牌出現在：

頭腦：你在想著你要什麼，或你幻想著擁有完美的另一半，希望他提供給你一切所需。你迷失在夢裡。

忠告：檢視一下你的慾望是什麼？最渴望的事是什麼？存在提醒你現實與幻想的差距，當你進入現實，幻想很快就會破滅。如果你的感情路一直不順，是因你的幻想障礙了你去看真相的能力。你的成長之路，要從依賴的關係退回來，學習陪伴自己及滿足自己所需。

結果：一個健康的關係，來自健康的個人。學習愛自己，榮耀自己。當你不再對別人依附和索求，你的關係才能真正基於愛。或你要去看你真正想要的是什麼。

水之7 — 投射

牌義：成見、外在是你內在自己的投射、你創造出你的實相

圖象

一對男女看著彼此，但原本應是兩張相望的臉，現在卻變成四張臉，因為每個人都帶著自己的好惡看對方。以致於無法看清楚對方的臉，帶著自己的好惡看對方，這個行為就叫做投射。麻煩的是，每個人都很難察覺到自己的投射。

內涵

近代零極限的作者修藍博士說，你必須為所發生的事情負100％的責任；高靈賽斯也說，你創造了你自己的實相；中

國古人說，行有不得，反求諸己；佛說世間沒有任何一件事是偶然發生在你身上的。所以，如果你看別人不順眼，那是誰的責任？投射這張牌提醒我們，我們習慣向外看，但我們很少察覺我們是帶著慾望、期待、判斷向外看。圖片上這個女生，當她帶著期待、慾望看這個男人時，她的第二張臉就出現了，第二張臉擋住了她去看這個男人的真相。她的慾望、期待就是障礙。這個障礙如何破除呢？奧修師父教我們，利用投射，你才能走出投射。你要把這個男人當作是一面鏡子，回來看你自己。看你自己的頭腦起了什麼反應，你又如何把這個反應投射出去，然後，有覺知地再回來看你自己，看你的身體、思緒、情緒起了什麼反應，你又是如何把它們投放出去，它是一個來回交叉的練習。在練習中，有些經句可以幫助你提升自己。例如：見賢思齊，見不賢而內自省；三人行，必有我師~好人讓我學習，壞人讓我警惕，都是把外境當作一面鏡子，而且正己而不求於人，則無怨，我只要求我自己做到，我不要求別人，這樣我的內心就沒有怨尤。

奧修師父舉了一個例子，你去看電影，但其實螢幕是空的，是後面的投影機將影片投射出去的，但你從來都不回頭看，以此比喻你的頭腦是投影機，外在只是螢幕而已。我們更仔細的來分析這整個過程如下：

外面境界←眼耳鼻舌身（接受器）←第六意識（分別）←末那識（執著）←阿賴耶識（累世經驗的儲藏室）

所以，外面境界透過眼耳鼻舌身接收進來的訊息，其實都是中性的，他們都不會產生問題，但訊息到了第六意識，我們就開始分別好與壞，在分別中我們的末那識又執著好與壞，一

個分別，一個執著，就把我們的意識污染了，把如實的影像扭曲，這才產生了問題。所以，佛說八識中，六七因上轉，前五識跟阿賴耶識，果上轉。也就是說，放下分別與執著，你就能走出你的投射了。

　　所以，奧修師父說，如果你沒有發展足夠的靜心，你很難穿透這一層又一層的障礙。

當這張牌出現在：

頭腦：你所見所想都是你自己頭腦所建造出來的形象，它們並非事實，也就是說，你看事情並不客觀。

忠告：你要覺知到，是你自己把期待、欲望和判斷加諸在別人身上而阻礙你去看清事實。你陷住在投射裡，往內看，這些投射是不是你自己的，如果是，你就可以認出它而不受它影響。

結果：在目前的情況下，你最好是認出你的投射，無論你認為的理由是多麼地充分，在投射的情況下，你是無法看到事實真相的。目前是一個很好的學習機會，透過你如何看別人和評斷事物來了解你自己。

水之8 — 放手

牌義：放手、放下、放下執著

圖象

　　一滴荷葉上的水滴滑到了荷葉邊緣，現在它需要做一個選擇，跳或不跳。大海一直是水滴渴望回到的家，但水滴又害怕當它跳入大海，自我就消失了。實不知，小我一直處在大我中，小我從來沒有離開過大我，但小我一直堅持要做小我，這是小我痛苦的來源。

內涵

　　當年紀越來越大，生命越來越成熟，我們才知道很多東西都要放手。例如：在言語上不肯吃虧的習性，不肯讓人占上風，容易被激怒。所以，在言語上，不肯包容別人有心或無心之過。有一次，我去市場買酪梨，問老闆那已經熟了、不能再放的酪梨要賣多少錢，他說的價錢跟生的酪梨一樣，我跟老闆說，你熟的酪梨怎麼能跟其他攤生的酪梨一樣價錢，那個老闆很不客氣地回我，生的你還要回去放好幾天才能吃，然後，他就不理我了，我被他傲慢態度激怒，就離開了。但後來，我又想那個中年男子賣酪梨也沒賺多少錢，我就回頭跟他買，臨走時，還跟他說聲謝謝，老闆還是沒有理我。還有，我好心幫忙買剩下的烤地瓜，老闆卻給我一個又大又圓，結果中間沒有烤軟的地瓜，回家後，還叨唸著老闆辜負了我一片好心，其實，那個地瓜長得又大又圓，也不是老闆的錯，一位單親媽媽靠著

賣地瓜養孩子，是多麼辛苦，我只是吃到沒有烤軟的地瓜，我為什麼這麼斤斤計較，不肯放下。生活上，好多這些例子，我們遇到事情時，總是放不下。如果這個放不下、那個放不下，心就不清淨。所以，聖賢書不可不讀，因為明理，會幫助我們看破；生活上，這些點點滴滴的練習幫助我們放下。放下幫助看破，看破又幫助放下，所以孔子說，學而時習之，不亦說乎。學習貴在落實，落實你才能夠得到真實的利益。

當這張牌出現在：

頭腦：你想要放掉某些執著，它可能意味著你還緊抓著它。

忠告：存在鼓勵你放棄，停止控制，也不要試著去了解，或是想做什麼努力。也許你傾向於對於所知道的事抓得很緊，這障礙了你生命的自然流動。唯有藉著放掉控制，你才能夠為某種新的東西創造出空間。你目前的成長就是要放掉某些你所執著的事物。要知道這樣才能夠幫助你成長。要一再一再地回到這個狀態來。放掉某些執著，從來不是一件容易的事，你正在學習如何做它，

結果：在目前的情況下，你最好是放棄或放掉它。你要實際地放手。

水之9 — 懶惰

牌義：沒有能量、負向、休息一下再出發

圖象

這位老兄戴著太陽眼鏡，穿著舒服的浴袍及拖鞋，手上拿著一杯清涼的飲料看著夕陽，但他背後的椅子已經出現了裂痕，他需要起身再出發了。

內涵

沒有能量是能量洋溢的相反，兩者都無關外在的活動與否，而是內在品質的狀態。當你的意識愈靠近真我，你就愈有能量；愈遠離真我，你就愈沒有能量；也就是心理學家所說的，內在的我跟外在的我的關係，當二者重疊的部分愈多，你就愈真實，當兩者愈分離，你就愈分裂。真實，能量就洋溢；分裂，能量就耗弱。例如，有人，上班一條蟲，下班一條龍，這表示在工作上，尚未找到工作的價值跟意義。當你跟周遭的環境、人事物、花草樹木愈有關連，你的能量就愈活生生的，你的能量會是洋溢的。

當這張牌出現在：
頭腦：你想要懶惰和無為一下。
忠告：存在鼓勵你停止做為，進入那個不催促的狀態，你或許會稱之為懶惰。冷卻下來，休息一下，不論你認不認為有這個需要。生命中有很多東西，我們只能透過無為才能夠得到。目前你的成長就是學習如何向後躺，什麼事都不做，可能你還不習慣這樣做。
結果：在目前的情況下，你最好是什麼事都不做，不論事情是怎麼樣，就讓它去吧！你或許已經做得夠多了。

水之10 — 和諧

牌義：因了解而來的接受、身心和諧、心跟頭腦的和諧需由智慧來引導、學問深時意氣平

圖象

　　一位女生，她的心游出了兩隻海豚，來到第三眼。海豚象徵溝通，在動物界，海豚是溝通的高手，我們的心跟頭腦需要溝通，使它們達成一致與和諧。而心跟頭腦的和諧，需以智慧來引導。

內涵

　　心跟頭腦的語言是不同的。心的語言是簡單的，頭腦的語言是複雜的。心的語言是利他的，頭腦的語言是自利的。心的語言是慈悲的，頭腦的語言是狡詐的。這兩者之間需要做調和，使它們處在和諧的狀態，這是第一點要了解的。第二點要了解，頭腦不完全是負向的，它不完全是複雜的、自利的、狡詐的，因為頭腦有它的實用性。例如：計畫、謀略、計算……你都需要用到頭腦。所以，如何在心與頭腦之間取得平衡，如何在感性與理性之間取得平衡，這個就需要智慧，所以，兩隻海豚游到了第三眼智慧的地方。引導心跟頭腦，需要用智慧，平衡心跟頭腦，也要用智慧。而智慧就在經典裡。我舉一個例子，有一天的下午，我騎摩托車經過一座公園，公園外面站著一位比丘在化緣，我心中突然想把我身上的伍佰元捐給他。我習慣看到托缽的比丘、比丘尼，我一定拿十元供養，但我從來沒有在路上供養比丘五佰元的經驗，所以，我當

下供養他三十元，但是騎沒多久，我猜想是不是他急需用錢，所以，觀世音菩薩給我靈感，要我把身上僅有的伍佰元給他。所以，我又折返，為了平衡我的心跟頭腦的交戰，我又掏出一佰元供養他。我們有時會處在心跟頭腦的交戰中，以致於身心不和諧。另一個例子，你在街上看到乞丐，出於慈悲，你想給他錢，但腦中又浮現，他是真乞丐還是假乞丐？如果他是真乞丐，你沒給他，你於心不忍，但如果他是假乞丐，你又會氣自己被騙。於是你又陷入心跟頭腦的交戰中。這時，身心的交戰需要由智慧來做引導。佛在「楞嚴經」上說：「發意圓成，圓滿功德」，只要你布施的心是真的，你會得到你的善報，至於那個乞丐是真是假，他會有他自己的果報。有這樣的了解，你的心跟頭腦就和諧了。

當這張牌出現在：
頭腦：你在想著和諧，你可能想要化解你自己內在的矛盾或化解你與他人的衝突。
忠告：和諧的根本要從自己開始，當你能跟自己和諧，你就能跟別人和諧，所以最先要化解的是你自己內在的衝突，你的心跟頭腦的衝突。要平衡兩者，以師父的教導和經典做為你的指引。
結果：找到你心跟頭腦的和諧是你目前要做的事，不要批判和評斷，如果有困難，經典可以成為你的指引。目前你要去覺察在與他人和諧的模式中，是否隱藏著你想逃避的主題。當你的心跟頭腦打架時，你會怎麼做？傾聽你心的聲音，因為心比頭腦更接近真實。

雲之王 — 控制

牌義：執著、占有、控制、對立、採取必要的措施

圖象

　　這個人將自己框在框架裡，他的上半身有完美的架構與次序，他的手是緊握的，代表一切都要在掌控中。他沒有下半身可以去感覺，而以一把冰冷的刀來代替，這把刀將所有的事切成對與錯、好與壞、是與非，他生命中充滿著絕對與緊張。在框架外都是烏雲，遮蓋了他的智慧。

內涵

　　在奧修禪塔羅的架構中，副牌有代表頭腦的（雲牌）、情感的（水牌）、身體和物質的（彩虹牌）、跟行動的（火牌）。頭腦讓我能理性思考；身體讓我能站在對方的立場想，讓我能感同身受；情感讓我能滋養自己並體諒別人；行動讓我能在付諸行動中，回饋給我真實性。一個健康的人，會讓這四種能量處在平衡中。因為真正的力量，來自這四種力量的平衡。中國有一部書叫「中庸」，它教我們如何走中庸之道，不偏在兩個極端，一旦走極端，就會帶來痛苦。就像思想一樣，絕對的思想會帶來痛苦，彈性的思想才會帶來快樂。所以，像控制、道德律、抗爭、延緩，這些頭腦的牌，它們不完全是負向的牌，有時，它們也是必須的。例如：對飲食失控者而言，除了需要了解飲食失控的原因之外，還必須做飲食的控制；小孩從小必須教他規矩，古人云，「少成若天性，習慣成自

然」，又說「三歲看八十」，三歲以前，你教小孩的規矩，他
到八十歲都不會改變，所以，道德律是必要的；遇到外敵入侵
時，為了保家衛國，抗爭是必要的；遇到棘手的事，延緩是必
要的，因為事緩則圓。這些方法跟手段，運用在適當的時機，
可幫助我們達成目標，但如果你以不理性的態度去使用這些方
法，就會產生問題。所以，方法跟手段沒有好壞，好壞取決於
使用他們的人。例如：太太要預防先生有外遇，每日晚上必查
看先生的手機；為了監督小孩行蹤，讓小孩帶可用GPS追蹤的
手錶，這些都是不理性在使用控制的方法。

當這張牌出現在：
頭腦：你在想著控制某種情況。
忠告：控制某種情況有其必要性，但有時也有它的破壞性。它
的利害得失要看使用者的動機。為公則為利，為私則為害。另
外，外在的成就，需透過「作為」；而內在的成就，需透過
「無為」，所以控制的使用，要用覺知來做取捨。
結果：在目前的情況下，你要採取必要的措施來達到你的目
的。

雲之后 一 道德律

牌義：良知良能、規矩、你內在的法官、五倫十義、法律、執著、框架

圖象

　　一張嚴肅緊繃的臉，配上那菱型黑白的領結顯示了他非黑即白的個性，胸前有打著無數結的網架（道德律），他把自己監禁在網架內，網架的外面是廣大的天空。他有一個大頭腦，內在滿是烏雲，充滿著教條式的規矩。他那非黑即白的價值觀，把他自己監禁在完美的世界裡，雖然，他的袖子是完美的，但他的手是殘缺的。

內涵

　　曾經有門徒要求奧修師父給我們戒律，奧修不得已開出了十條，第一條是，不要遵守任何戒律，除非戒律來自你心中。請不要誤解奧修師父的意思，不遵守任何戒律，不意謂著你能放縱自己的私欲去做出傷害別人的事。奧修師父是不要我們成為陽奉陰違的偽君子。因為真正的道德律不應該從外在強加在你身上，道德律是自性裡本有的，來自自性的道德律有它本身的美，你要有意識……，道德律來自意識。

　　古人云：「教也者，長善而救其失者也」。教育的目的在啟發我們的善心，並讓這顆善心保持終身不變。受教育的目的，也讓我們不要走錯路而受苦。在全世界，中國是最懂得教育的民族之一。中國人對小孩的教育，是從胎教開始，我們看周朝文王的母親，她在懷孕時，目不視惡色，耳不聽淫聲，席不正不坐，完全以浩然正氣教育胎兒，後來才有周朝八百年長治久安的歷史。除了胎教，每個家庭的家規，就是讓孩子從小

就讀弟子規、三字經，再大一點的孩子讀四書五經，從小就背這些聖人的經典，建立正確的人生價值觀。

儒家著重禮節，以禮節來彰顯道德仁義。所謂道德仁義非禮不成。而且它們之間有次第的關聯，所謂道失而後有德，德失而後有仁，仁失而後有義，義失而後有禮，禮失而後天下大亂。我們目前的社會不教禮，不講禮節，所以，天下大亂。要恢復秩序，要從教育開始，尤其是因果教育，它是安定社會的力量。

戒律的目的不是要約束你，而是幫助你如何從不善的習性回歸本性本善的方法。

就我自己的了解，奧修師父是從你的核心來談道德律，儒家是從外圍，目標都是回歸自性。奧修法門偏向禪密，屬於天才班；淨土法門一步一腳印，而且成就非凡。

當這張牌出現在：
頭腦：你在思考執著和限制的問題，或在思考道德的問題。或因害怕犯錯而不敢去做什麼事
忠告：存在鼓勵你去經驗在規範之內生活。這些可能是你必須去學習的規範，或者它可能是你需要去覺知目前已經存在的執著如何限制著你的生活。處理限制和執著是你目前成長的主要部分。你也許並不喜歡它，但是讓你自己帶著覺知完全進入那個經驗，對你來講將會是一個很有價值的教導。學習規矩和禮儀是需要的，但不要死守規矩而不知變通。
結果：在目前的情況下，你最好是去經驗你所設下的或是需要設下的規範，有時候設下限制是必要的。目前有些道德規範是你必須遵守的；或你死守規範而不知變通，或因害怕犯錯讓自己的能量凍結而無法前進都要有覺知。在你的本性裡自有它的道德律，不需強加於外，但如果你尚未覺知，從外在加諸在你身上的道德律，反而是在保護你。

雲之騎士 — 抗爭

牌義：對立、抗爭、應對

圖象

　　這個男人眼睛佈滿紅絲，他的拳頭緊握，全身穿上了盔甲準備戰鬥，後面的影像是他頭腦的投射，他認為有人要跟他爭奪一座城堡，他在想如何戰勝才能取得他要的東西。

內涵

　　我們在觀念，立場，利益不同時，容易跟別人對立。選舉時，藍綠觀念不同，群眾就會產生對立。之前，年金改革，軍公教跟政府對立，其實觀念、立場、利益不同時，最需要的就是理性的溝通，因為對立，第一個失去的就是理性。所以，對立是不能解決問題的。

　　在春秋戰國時代，周天子的權勢已經衰弱，各個諸侯國都各自為政，當時各諸侯國都不大，人口可能只有數千到數萬人不等。當時孔子的學生就有三千人，這三千人中有七十二位賢者，論政治能力，沒有人比得上子路；論外交口才，沒有人比得上子貢；論理財能力，沒有人比得上冉求；論德行，沒有人比得上顏回，這麼多人才，當時孔子周遊列國十四年，希望有國君能聘用他，讓他實現他的治國理念。以孔子的影響力，跟這麼多有才幹的子弟，孔子如果要攻打某一個諸侯國，據為己有，都不是困難的事。但是孔子沒有這麼做，各國國君雖跟孔子的理念不同，但孔子並沒有對立的態度，當他周遊列國十四年後，在他六十八歲時回到魯國從事教育的工作，孔子七十三

歲過世，這短短五年，後世稱孔子為萬世師表，可見孔子對後世的影響有多深遠，他用教育來化解對立。

美國911事件之後，聯合國知道對抗恐怖分子不能再用「以暴制暴」的鎮壓方式，因為這種方式只會招來更慘烈的報復行為。於是請淨空法師提供意見，淨空法師說，解決問題要把問題的根源找出來，就像大夫治病一樣，要找出病根。老法師指出衝突的根源來自家庭。現在離婚率特別高，在家庭裡跟另一半衝突，到社會上，能不跟人衝突嗎？再說的更精確一點，衝突的根源來自自己本性與習性的衝突。本性本善，習性不善，以利益當前來做比喻，我們面對利益時，如果我們都選擇自利，我們之間一定會起衝突，如果我們選擇利他，衝突就沒有了。

這麼做可能有人會罵你傻，為什麼好處要給別人，但是你要明白，真正屬於你的，別人是搶不走的。你命裡有的，你不用抗爭也會得到；你命裡沒有的，既使你去抗爭也得不到。

當這張牌出現在：

頭腦：你在想著對立的事，它或許是你自己內在的衝突，或你想著如何應對，或如何爭取你想要的東西。

忠告：在目前的情況下，你最好是覺知到你的抗爭。人與人之間，如果沒有四種緣份，就不會聚合在一起，報恩、報怨、討債、還債，所以對於那些來抱怨討債的人，如果你不能用理性來化解，那麼這個怨，就還不了了。奧修師父說，凡能夠從你身上奪走的，都不是真正的寶物，真正的寶物是誰也奪不走。或是拒絕別人對你而言是困難的，但如果它違背你的真意，你要勇敢的說「不」。

結果：以理性來應對目前的發生。

雲之小兵 ── 頭腦

牌義：錯誤的見解、混亂、焦慮、烏煙瘴氣的頭腦

圖象

這個人的身體被包成木乃伊而動彈不得，但他的頭腦卻忙得很，很多的煙囪冒著煙，比喻思緒很多而障礙自己的清晰和行動力。他還有一張喋喋不休的大嘴巴，有時，人會被自己的頭腦給逼瘋。

內涵

師父說，在修行的路上，你有兩個障礙，一個是自我，一個是喋喋不休的頭腦。你要很覺知它們是如何在運作的。

第一個自我，它有五個內容物：

一、貪：我們貪比別人漂亮、身材比別人好；貪有漂亮的衣服；吃蛋糕的時候，貪比別人吃大塊一點，到吃到飽的餐廳，也要吃得飽飽的，台語說「甘願吃死，也不能死沒吃」。這些概念都是貪。商人也利用消費者貪心的心理，作促銷活動，有時會形成資源的浪費，這些行為都是在傷害地球。

二、瞋：凡是不合我心意的，就容易起瞋心。現在，連按喇叭都容易起事端。中國是禮儀之邦，我們的祖先如果看到我們現在這樣，一定會很難過。我自己的經驗是，在起瞋心的時候，心裡會先浮現出影像，接著身體就會起化學反應，譬如：我看到電視報導青少年攻擊年老的流浪漢的脫

序行為時，我的內心會浮現反擊或求救的影像，這些都是練習覺察的片刻，當你有覺察，瞋心就不會繼續發展。所以，奧修師父說，我譴責無意識，我不譴責暴力。因暴力已經是事實，果地上，無法解決問題，因地上，才能解決問題。而暴力來自無意識，如果你有覺知，暴力就不會發生。

三、癡：代表錯誤的見解，三字經說，「人不學，不知義」。錯誤的觀念來自沒有讀聖賢書，所以我們對任何人所犯的過失都要原諒。以前在堯舜時代，百姓犯錯，這些聖王會說，「萬方有罪，罪在朕躬」。因為他們沒有教育好百姓，才會讓百姓犯錯。所以，今天我們看人民犯錯，我們要想我們可以做些什麼？

四、慢：傲慢，見不得別人比自己好。見到別人升官，希望他犯錯被降職；見到別人有錢，希望他破產。對治傲慢的方法就是讚嘆和隨喜。見到別人有成就，讚嘆；見到別人康健，讚嘆；見到別人有孝子賢孫，讚嘆；見到別人做善事，要隨喜功德。當你看到別人做善事，你隨喜他的功德，他的福報你也有一份。所以，隨喜功德，是修福最快的方法。

五、疑：對聖教的懷疑，我修善真的能得福嗎？人生真的有來世嗎？真的有地獄嗎？我做壞事，真的神明都知道嗎？…等等，對因果報應的懷疑。要破除懷疑的方法有好幾種。可以多聽經，經聽多了，慢慢就明白了。對聖教的懷疑也是業障，可以透過拜佛來消除。

以上是自我的部分，有自我就有貪瞋癡慢疑這五大項。

　　另一個是喋喋不休的頭腦。思緒是頭腦的本質，你可以從兩個時段來察覺這些思緒，一個是你快要進入睡眠的時段，另外一個是你快要清醒的時段，從這兩個時段，你可以察覺到這些思緒的雜亂跟毫無邏輯，這些雜亂的思緒不是只存在這兩個時段，只是這兩個時段，你比較容易察覺到。事實的真相是，你的頭腦一直都處在這樣雜亂的狀態中，而成道者的頭腦是不同的，他們的頭腦清淨如湖面，能觀照而且不受打擾。那麼如何止住你那喋喋不休的頭腦呢？不去理會和認同。當你不去理會和認同它，你不給頭腦養份，那雜亂的思緒就會慢慢平靜下來。另一種平息雜亂思緒的方法是念佛，念一聲阿彌陀佛去代替所有的思緒，只要有念頭上來，就用阿彌陀佛去伏住它。印光法師教我們念佛要有三個清楚，心裡想的清楚、口裡念的清楚、耳朵聽得清楚。字字句句都要有三個清楚，你就能伏住你的思緒。慢慢的，雜亂思緒少了，智慧就能透出來了。

當這張牌出現在：

頭腦：你頭腦是混亂的，所以你的想法也一定是混亂的。

忠告：存在鼓勵你去清除頭腦裡雜亂的思緒，好讓你能夠越來越看到那個真實的。你的成長就是要掃除那些頭腦的烏雲，因為它們遮蔽著你如實看事情的能力，使你看不清楚真正需要做的是什麼。

結果：目前你最好是清除掉頭腦的烏雲，好讓你能夠很實際的來處理事情。

雲之么 — 意識

牌義：觀照、看、不涉入、清楚的、有意識的

圖象

　　有一尊佛，遍滿整個天空，當他升起時，雲朵都向兩邊散開，雲朵代表頭腦，他超越在這些雲朵之上，象徵著超越頭腦而來的清晰。佛的第三眼有亮光，第三眼代表智慧。你的本體，你的自性或稱之為你的存在，就像這尊佛，內在充滿智慧，外在充滿整個天空。

內涵

　　這裡的意識是指覺知和觀照。如果太陽代表意識，雲朵代表思緒，那麼，太陽是一直存在的，只是雲朵把它遮住了。你的思緒越多，你的意識就越被蒙蔽。意識越蒙蔽，靈性就越墮落，靈性越墮落，你就活得越苦。

　　最苦的眾生莫若地獄道眾生，讓瞋心蒙蔽了意識，作出違恩負義，傷害眾生之事，感得要到地獄消罪業之果報；其次是餓鬼道，讓貪心蒙蔽了意識，作出損人利己，傷害眾生之事，感得餓鬼道消罪業之果報；再其次是畜生道，讓愚癡蒙蔽了意識，不明是非之理，感得畜生道果報；再來是苦樂摻雜的人道，能持五戒十善，但仍有貪瞋癡慢等欲望，意識之光能些微透出；再來是樂多苦少的天道，天道共有二十八層天，粗分三界，欲界、色界、無色界。天人，欲望越淡薄，煩惱越輕，禪定功夫越深，就越往上層。越往上層的天人，福報越大，享樂

更多，壽長身廣。高靈克里昂來自色界天，因他自述他的身形有如房子一樣大，高靈賽斯可能來自無色界天。雖然天界樂多苦少，壽長福大，但壽命盡時，也有可能墮落於六道輪迴中。所以，佛說，三界同苦。要離苦，你的意識就要保持覺知與觀照。

當這張牌出現在：

頭腦：你認為你的看法很清晰。

忠告：目前你需要有清晰的意識來處理手上的事，煩惱、欲望、情緒都是蒙蔽意識的烏雲，你要努力清除它們。如果把太陽譬喻為意識，烏雲就是欲望。欲望越重，意識就越被蒙蔽。想要不被欲望蒙蔽的方法，就是跟著師父的教誨與經典走。

結果：在你目前的事上，保持清晰的意識。當你是有意識的，正向的就會被加深，負向的就會消失。你可以做這樣的練習，把注意力帶到你的呼吸上，看著它隨著覺知會起什麼變化，或把注意力帶到你的腳，感覺你紮根於地，這些練習都可以加深你的覺知力。

雲之2 — 精神分裂

牌義：混亂、不清楚、矛盾、搖擺不定

圖象

　　一個人橫跨在兩邊的建築物，他選擇A也不對，選擇B也不對，奧修師父說，他需要跳出頭腦狹隘二擇一的慣性。另一種「跳」的方式是明理。

內涵

　　人生是不斷的選擇題，從小到大，你都在做選擇，就像圖上這個人，一旦選擇錯了，可能一失足而成千古恨。我想在他還沒做出選擇之前，他可能先得精神分裂了。在生活上，我們看到因婆媳不和，太太要求先生做出選擇；在酗酒的家庭，太太要求先生做出選擇，但選擇無法解決問題。

　　人的頭腦會產生問題，總是只看到事情的片斷，而沒有能力看到整體。譬如：你只看到福，但沒看到這個福可能會帶來的禍，或是你只看到禍，但你沒看到這個禍可能帶來的福。如果你能夠看到福禍相倚，當面對禍時，你不會太過憂慮；當面對福時，你也會謹慎。慢慢的，當你面對禍福，你心的起伏就不會太大，慢慢的，你就能成為沒有選擇的。

　　何謂禍福相依？請問，如果子孫不孝，留太多錢財給子孫，是福還是禍？還有，大陸有一句流行語~自己再苦也不能苦了孩子，請問，捨不得孩子吃苦，是福還是禍？沒有智慧的父母常常是好心卻做了壞事。

　　奧修師父教導我們成為沒有選擇的。所以福來時，不要起貪心；禍來時，不要起瞋心。難題來時，不要起對立的心，當你是對立的，你就會像圖上這個人一樣，處在兩難之中。曾經有門徒跟師父說，他很怕自己會發瘋，師父說，如果你允許你自己可以有意識的發瘋，你就不會發瘋。把難題吸收進來而不對立，就能把難題轉變成學習。

　　我們處在二元對立的世界，好與壞、對與錯。但好與壞、對與錯是互補的，如果沒有錯的，如何顯出對的。所以，對立，你就分裂；互補，你就完整。成為沒有選擇的你就是完整的。

當這張牌出現在：

頭腦：你在擔心你的混亂和不知道的狀態。

忠告：存在鼓勵你放鬆在不知道的狀態下，有時候允許頭腦混亂是必要的，這樣你才可以找到那個超越頭腦而知道的地方。唯有當你知道你不知道，你才可能找到這個較深的地方。處於混亂和不知道的狀態是你目前的成長，不要藉著試圖找出答案來避開這種狀態，不論那個想找出答案的想法是多麼的誘惑你。只要繼續回到目前真實的狀態並停留在那個狀態下。

結果：在目前情況下，你最好是承認你不知道，允許頭腦混亂，不要試著去了解或找到答案。或有耐心的給頭腦一些時間，讓頭腦冷靜下來

雲之3 — 封閉

牌義：因受傷而關閉自己、冷漠、退縮

圖象

　　這個人是沒有溫度的，因為他把自己封閉成一塊冰。但不論如何封閉自己，只要有一點縫隙，這受傷的眼淚就會溢出。一個封閉的人，內在有一顆受傷的心。他表現在外在的行為可能是冷漠，人群疏離，不合作或叛逆。

內涵

　　受傷使人從群體中逃離；受傷使人從人際關係中封閉自己；受傷使人從實際逃到想像。心理創傷能創造出諸多不同的情況。我有一位朋友，她告訴我，她先生很少跟她講實話，總是口是心非，又因有酗酒的習慣，最後因肝疾而死。她先生的行為跟封閉有哪些相關性？她先生為什麼要封閉自己？我想這跟早期的創傷經驗沒有得到治癒有關。太太也不知道先生的問題癥結在哪裡，也增加了他們婚姻的困難，帶來更多的指責。對封閉的人，你越指責，他越封閉，越封閉，他越沉溺在他負面的行為裡。

　　自我療癒有兩個方向，一個是饒恕，一個是改過。如果是別人曾經傷害過你，你要饒恕他們，不論他們是有意或無意，他們都是在無明中做出傷害別人的事，他們在當時跟你一樣的無助。所以，饒恕是你送給你自己最好的禮物，不為他們，而是為你自己。另一個是改過，如果自己犯錯，改過就好。不要因罪惡感與羞愧感而封閉自己。

　　對待封閉的人，他們需要的是理解與接納。

當這張牌出現在：

頭腦：你用封閉來切斷你與別人的交流，你不想融入別人，也不讓別人融入你。你的焦點大都在你自己身上，或許你覺得這樣做對你才是安全的。

忠告：如果你想要成長，你就不能像一塊石頭，連風都進不去。或許去接觸大自然或跟小動物相處，能讓你感到安全並且願意打開心靈。你要勇敢一點，因為以前你所害怕的，或許已經不存在了。去找到什麼事情能夠讓你打開心靈是你目前的成長。

結果：在目前的情況下，你要覺知到你是封閉的。早年你為了保護自己而封閉自己的情感，現在你要學習走出你的殼，去接觸大自然。哭泣、打枕頭、亂語等等，能幫助你表達自己和讓能量再度流動的事，對你都有幫助。

雲之4 — 延緩

牌義：逃避、延緩、事緩則圓

圖象

在圖片中的小框架是彩色的，代表真實的，小框架外是灰色的，代表想像的。這個人的頭是灰色的，代表頭腦處在想像裡，身上穿的是彩色的，但他所站的位置是灰色的，代表他生活在他自己的想像裡，而不是生活在真實中。

內涵

我有參加一個臨終關懷、臨終念佛的團體。所以，每天都會有訊息進來，亡者是誰、幾歲、幾點斷氣還有念佛的排班表。我們有時去殯儀館，有時到喪家，亡者就擺在我們面前。

每個人都要去練習面對自己的死亡，想像手機傳來的就是你的名字，你幾點斷氣，別人要來幫你念佛的時間，如果你經常記住死亡來生活，你生活的型態一定會不一樣。你每天看到這麼多人在死亡，為什麼就沒想到自己也會死亡？

如果你想改變，就在這個當下改變，不要延緩到明日。因為下一個片刻是否存在是未知的。佛說，人命在呼吸之間，一口氣上不來，你就沒有機會了。

當你把這一天當做是你生命中最後一天，把這一個片刻當做是你生命中最後的一個片刻，你會怎麼生活？什麼對你而言是重要的？我相信當這一天來臨時，你生活中的重要順序將會不同。

當這張牌出現在：

頭腦：你在想著要延緩某件事。

忠告：事情有分「輕重緩急」，公者為急，私者為緩；利人者急，利己則緩；道義為重，利益為輕；生死大事為重，遊樂小事為輕，等等諸事，當細辨之，何事當急，何事當緩，應以智慧取捨。

結果：如果你是為逃避面對事實而遲遲不行動，則不應該延緩；但如果你是遇到棘手困難的事，那麼事緩則圓為好。

雲之5 ─ 比較

牌義：比較、競爭、不同的

圖象

　　一根纖細的竹子與一顆壯碩的橡樹，在外貌上，它們有很大的不同，在內在上，它們也有很大不同。竹子是中空的，橡樹是實心的。它們的用途也不同，竹子不但是熊貓最愛的食物，竹子也能做成很多傢俱跟裝飾品，而橡樹能提煉橡膠，製成很多生活用品，像止滑效果很好的拖鞋就是其中之一。兩者形狀不同、用途不同、特質不同並各有它們的實用性。它們是無法被比較的，因為它們各有優越性。

內涵

　　我們不曾向內去認識自己，也不知如何向內去認識自己，因為從小就不曾有人教我們如何向內認識自己。我們所熟悉、所聽到的是某某人的女兒很會讀書、某某人的女兒很會賺錢、某某人的兒子當醫生，一個月可以賺多少錢、某某人如何又如何，從這些言語中，我們學習到的是如何透過比較來認識自己。這一開始就是錯誤的方式，因為透過比較，你所得到的都是表象和虛假的。透過比較，你無法得到真實的東西。比較只有兩個結果，一個是自卑，一個是優越。當你比別人低，你就感到自卑而受傷；當你比別人高，你就感到優越而高興。但如果你是一個人生活在地球上，你要跟誰比，來知道你是高的還是低的呢？人是不能比較的，因為每個人都是獨特的且擁有不同的天賦異稟，所以不需要因某一條件比別人差而自卑，也不

需因某一條件比別人好而感到優越。即使你比別人好，你的內在也得不到真正的快樂。其實，這些道理，我們都明白，但是要如何走出比較的習性？除非你走在認識自己的道路上，紮你自己的根，這樣，當比較的風氣吹向你時，你才不會被淹沒或影響。

　　什麼是走在認識自己的路上？認識自己是一個存在性的經驗，有時你會在生活經驗中體驗到，它是一個深刻的經驗，它也可能是你跟存在的關係，不論那些經驗為何，它們共通點是成為真實自己的那種很深的滿足感。所以，認識自己真的跟外在無關，跟比較無關。它的方向絕對是向內的。靜心是幫助你向內認識自己最好的途徑之一。，

當這張牌出現在：

頭腦：你在想著什麼與什麼之間的不同，也就是說，你在比較。

忠告：古人云：「物惡獨勝，物好共榮」。每一個人都同等重要，每一個人都有他存在的價值，當我們陷入比較，我們就有高低貧富的煩惱，不論你處於哪一方，你都不會快樂。不要去顧慮別人的眼光，要去發掘你自己的價值並榮耀你自己的存在。滿足於你自己的存在，放掉想要「成為」什麼的想法。

結果：每個人都是獨特的，無法比較，如果你透過比較來認識自己，肯定自己，那一開始你就走錯路了。比較無法帶給你什麼，它只會帶給你自傲、自卑和一堆煩惱，如果你發現你陷入其中，要把自己拉回來，肯定自己的價值和獨特性。你自己的價值應由你自己來肯定而不是由別人，因為你是最了解你自己的人。

雲之6 — 重擔

牌義：有負擔的、錯誤的觀念跟認知、創傷、承擔不屬於
　　　自己的責任、受害者、壓力

圖象

　　下面這個人已經精疲力竭，上面這個傲慢的人，不但跨坐在他的背上，而且還心高氣傲的指使他快點往上爬，一點都不顧他的死活。他頭上那隻傲慢的公雞，就是他對人的態度，他以欺壓別人的聲勢來彰顯他的優勢。對弱小者沒有仁愛之心。

內涵

　　我曾經參加過一個成長課程，跟我同組的學員說，她小時候，老師曾罵她笨的像一頭豬。我想這個經驗，還深深的傷害著這個已經三十幾歲的女孩。我小時候在學校也遇過不友善的老師跟欺負我的同學。你對這些經驗能怎麼辦呢？我們小時候確實沒有能力保護自己。唯有饒恕這些無知而傷害我們的人，你才能卸下重擔。每一個傷害的背後都有後遺症，我的後遺症是不容易與人親近，對人，我的心是封閉的。步入社會後，我的社會面具就是要成為好的、有價值的，而且害怕犯錯。

　　加在我們身上的重擔，有很多種形態。錯誤的觀念跟認知也會形成你的重擔，譬如喜好文學或音樂的孩童被迫去讀醫學院，他們背負著父母的期待。另外，我在年輕的時候，認為有房有車和年薪百萬就是成功人士，並應擁有幸福與快樂。但是，當我擁有這些物質成就時，我卻不快樂。於是我拋下了物

質去追求靈性，我從一個極端跑到另一個極端，我背負著錯誤的觀念而受苦。另外一種重擔是承擔不屬於自己的責任，例如家庭功能不良的家庭，女兒必須代替母職，承擔家庭中母職的角色，這是在不得已的情況下，強迫自己長大。也有一種可能是自我價值低落者，容易被別人奴役而去承擔別人的責任。

　　當生命越成熟或意識越清晰，你就越知道如何卸下不必要的重擔。

當這張牌出現在：

頭腦：你在想著某件困難的事。

忠告：孔子說，「過猶不及」，任何事「過了」和「不及」都不好，中庸最好，為人處事都不可失度。人在關係中，夫妻之間有情義；親子之間有恩義；朋友之間有道義。夫妻之間，夫義婦順；親子之間，父慈子孝；朋友之間，朋實友信，但信以義為先，這些角色與義務過與不及都會形成重擔。

結果：或許你目前正背負著別人對你的期望，或你習慣承擔過多的責任，或你自我價值感低落而任人擺佈，或在其他原因之下而成為受害者，對這些重擔你要覺知它們是否符合道義，如果不符合，你就要想方法改變。所以，師父說，苦難不是要使你痛苦，苦難是要使你警覺，警覺你哪裡需要做改變。

雲之7 — 政治手腕

牌義：多變的頭腦、討好、迎合、虛假、策略、搖擺不定、圓融

圖象

　　圖片上有兩張臉和一條蛇。蛇身上用雲來裝飾，蛇代表多變，雲代表頭腦，意思是多變的頭腦。一個多變的頭腦變化出兩張臉，一張是客氣和藹的臉，一張是詭計多端的臉，但這兩張臉都是假的，他們都是由策略所假扮出來的臉。不同的策略就有不同的臉。

內涵

　　虛假並非總是負向的，有時為了在社會上生存，你也必須虛假。譬如在職場上，你有個跋扈的主管，為了不得罪他，縱使不喜歡他，表面上也要跟他和和氣氣的，不然你如何生存？但是如果你以虛假來生活，以虛假來換你所想要的東西或者你根本沒覺知到你是虛假的，那麼，這個虛假就產生出問題來。虛假會讓生命空轉。虛假的生活只會讓你外在變老，而內在沒有變成熟。如果這是你生活的方式，你要停下腳步看看在虛假中，你真正能得到什麼？

　　以前，我們從事業務的工作，主管要求我們穿套裝，原因是穿套裝看起來會比較專業。於是，以後我買的衣服都是套裝，套裝變成專業的代名詞，為了要拿到業績，我們必須投其所好以贏得客戶的信任，但我覺得這中間少了真誠心，那時候不知道真誠是銷售最好的方法。直到我看見胡小林居士用「弟子規」作公司管理規章跟銷售服務的準則，他證明了用「弟子

規」來對待員工跟客戶，能創造出比以前用競爭的方式更高的營業額。

虛假會形成重擔。早期解讀塔羅，遇到不會解的牌，我也會躲在虛假背後，不但要故作鎮定，還要保持專業，殊不知，知之為知之，不知為不知，是知也。生命越成熟，你越會想要活的真實與自在。

古人云：「學而不思則罔，思而不學則殆」。思考如果沒有依循正確知見，則會有胡作非為的危險。如果沒有善知識勸導，我們的頭腦傾向於策略性思考，以自利為導向，故換了位置，就換了腦袋。所以要把念頭定在正確的方向上，但這件事，會一再的考驗你的決心，你要自利還是利他？如果你明白因果的道理，你會知道利他就是自利，自利是在害己。一切利害得失的法則不出因果法則，而且天算比人算還要精準，那你又何必多費心思謀算。

當這張牌出現在：

頭腦：你頭腦的想法是多變的或你的想法處在搖擺不定之中。

忠告：變化與策略本身沒有問題，問題在於使用者的內在動機。為利益別人而改變策略，變化多端為善；為利益自己而算計、謀略為惡。一飲一啄莫非前定，你想得到什麼，只要循理而行，自然水到渠成。但如果以不法手段獲得，則貨悖而入者，必悖而出是自然法則。目前你尚未清楚自己的意圖或決定事情應如何做而搖擺不定，如果是這樣，你需要給自己一些時間來平息頭腦。不要以負向的態度來批判虛假，這樣你才能了解它為何存在。

結果：你是否想過，你處世可以更圓融一點。或覺知你改變策略或變化多端的動機？以及躲在虛假背後所付出的代價。

雲之8 一 罪惡感

牌義：罪惡感、指責別人並指責自己、犯錯而責備自己、自我否定、負向、良性罪惡感與惡性罪惡感不同

圖象

　　圖片中這個女人的頭上都是烏雲，象徵著批判自己的聲音，她不但自我譴責，還加入別人來譴責自己，那些巫婆般的爪子，都是否定自己的聲音～懷疑、譴責、後悔、否定自己、嫌棄自己，從她的手按著頭，嘴上還發出尖叫聲，這些譴責的聲音快把她逼瘋了。但圖片的頂上是一片綠色的枝葉，象徵人是可以從錯誤中學習的。人非聖賢，孰能無過，過而能改，善莫大焉。錯誤不是罪惡，不要落入惡性的罪惡感而放棄生活的權利。

內涵

　　孟子說，「羞惡之心，義之端也」。人天生就有罪惡感，當見義而不勇為時，我們就會受良心的譴責，這是我們與生俱來的良性罪惡感，讓我們不忍心造惡、不忍心傷害別人，並與眾生的痛苦有共感的能力，但是有一種惡性的罪惡感是存在沒有的，它是否定自己的存在，覺得自己做什麼都是錯的，容易有羞愧感，也容易讓別人利用這種惡性的罪惡感奴役或傷害自己的機會。惡性的罪惡感會削弱一個人保護自己的能力而把生命中不可避免的錯誤當作罪惡，這種惡性罪惡感，不但把自己囚禁在不可赦的罪惡中，且剝奪你從錯誤中學習的力量，進而

阻礙了生命的成長。要記住，犯錯不是罪惡，因為「人不學，不知義」。因沒有學習才會犯錯，學習之後要改過懺悔。所謂「後不再造，是名真懺悔」，不要一再犯同樣的錯誤就好。所以，人不要一直活在悔恨裡，要把悔恨轉變成行善的力量，例如一位殺業重的獵人可以轉變成為動物保育者。所以，王鳳儀先生說，世間有兩種老師，一種叫法師，一種叫戒師。當你做好事並將它分享給大家，你就是法師。當你做壞事並將它公開懺悔，避免別人跟你犯同樣的錯誤，你就是戒師。你要學做聰明的人，知道把負能量轉成正能量。

　　現觀社會的動亂，連良性罪惡感的作用也不彰，這是「上失其道，民散久矣」的結果。我們的教育不再提倡道德、倫理、因果，以致於人的本性本善不彰，而扭轉的關鍵，在執政者要重視道德、倫理、因果的教育，尤其是因果教育，它比法律、警察更好用。

　　人非聖賢，孰能無過。對於過失，要真心懺悔。懺悔不重形式，後不再造是真懺悔。「了凡四訓」曰：「從前種種譬如昨日死，從後種種譬如今日生」，過去的就讓它過去吧！不要再想它。從今以後，你是義理再生身，學習如何斷惡修善，轉變命運才是重點。

當這張牌出現在：

頭腦：你頭腦有很多負面的想法，你指責別人並指責自己。或你在懷疑和質疑你自己的想法，或者你對自己缺乏信任。

忠告：你對你的人生有一套看法，存在溫和的建議你，去質疑它。該是時候了，你要很嚴肅地來作自我檢視，重新評估你是

誰，你在做什麼，或是你要走向哪裡。要如何做到這樣而不要以批判的眼光認為你自己是錯的，這是你可以學習的訣竅。你目前的成長就是要去覺知那個自我懷疑和罪惡感的感覺，不要試圖將它們推開。它感覺起來可能很不舒服，但是讓你自己有意識的去覺知這個部分的心裡，而不要試圖將它推開，這對你來講是一個很重要的學習。罪惡感分兩種，良性罪惡感與惡性罪惡感，良性罪惡感是我們與生俱有的良知，讓我們不忍心傷害別人；惡性罪惡感是你本性沒有的，它是莫名的罪惡感和羞愧感，它會讓你的能量緊縮，限制你的表達與行動。

結果：在你目前的情況下，你最好是質疑你的觀念和信念。它看起來好像是你一直都用一些錯誤的觀念在運作，現在你已經準備好要來看清楚。或是你最好是覺察到你一直在指責自己，評斷自己的種種過失並鞭撻自己。你要停止這些小時候被錯誤對待的方式來對待自己。如果有過失，懺悔改過就好，然後就讓它過去吧！不要用罪惡感來折磨自己。停留在罪惡感裡與想方法後不再犯是不同的。

雲之9 — 憂傷

牌義：憂傷、悲觀、痛苦、挫折、憤怒

圖象

　　圖上這個人是佛陀的堂弟阿難，他當初看見佛陀長得俊美，非常羨慕，知道這俊美絕不是父母所生，而是佛陀修行所得，他因羨慕才跟佛陀出家的。他伺候佛陀四十年，他覺得以他跟佛陀的關係，佛陀一定會幫助他成佛，但當佛陀要圓寂的時候，他悲從中來，以前他可以依靠佛陀，但佛陀現在要圓寂了，他沒有人可以依靠了，沒有人可以幫助他成佛了，所以他非常的憂傷。

內涵

　　憂傷有兩種，一種是有原因的，例如你失去一位朋友或某人死掉，你覺得很憂傷，但這種有起因的憂傷，只要時間久了，就會淡忘了。另一種憂傷是沒有起因的，它是存在性的憂傷，例如你感到生命的沒有意義，金錢、地位和家人到最後都會消失，死亡來臨時，你一樣也帶不走，當你了解這個事實真相，它會帶來憂傷，但它也是蛻變的一個開始。大憂傷具有大蛻變的潛力，所以痛苦並不是要使你憂傷，痛苦是要使你警覺。如果生活過得很舒適，有誰要去警覺呢？唯有當那把箭深深傷了你的心，你才會警覺。當阿難哭哭啼啼很憂傷時，佛陀告訴阿難，你是你自己的一盞燈，你的光就在你自己身上，成道必須靠你內在的能力，要成為你自己的光。佛陀圓寂後的二

十四小時，阿難就成佛了。佛陀死時，對阿難一定是很大的打擊，那句話「成為你自己的光」穿透的非常深。這四十年來，這句話，阿難可能聽了無數次了，但這次，這句話徹底打擊到阿難，它穿透了阿難的心。

　　奧修曾談過憂傷與喜悅的不同，喜悅的能量是比較表層，憂傷的能量比較深層，憂傷能深入你的中心，所以當憂傷來臨，讓憂傷把你帶入內在，利用這個憂傷，讓憂傷深深的穿透你。憂傷會帶來蛻變。

當這張牌出現在：

頭腦：你處在憂傷之中。

忠告：存在鼓勵你去感覺那個憂傷，這個部分你可能已經逃避多年，我們傾向於壓抑這些負向情感，因為我們被教導說它們是不好的。但事實上，憂傷常常是進入你自己深處的門，而憤怒是要回我們權力的方式之一。你目前主要的成長是允許你自己去經歷正在發生的憂傷情緒，雖然很自然地，你可能並不喜歡它。使它成為一種靜心，你將從它學到很多。有意識的讓你自己哭出來，或是打枕頭、或是亂語、或是用身體做些什麼，讓這個能量浮現或表達出來。

結果：目前你最好的對策就是進入你的憂傷，去覺知它。現在不是試圖改善或是使你自己覺得很好的時候，倒是要讓你自己去經驗那個憂傷的實際狀態。

雲之10 — 再生

牌義：更大的視野、更高的觀點、新的想法或看法

圖象

　　這張牌是依西方哲學家尼采的成長三階段論所畫的。尼采認為我們大多數人都是跟隨大眾者，以駱駝為代表；然後成長為對抗或獨立的人，以獅子為代表；最後成為臣服於真理者，以小孩為代表。從沒有自信的追隨者，到叛逆的單獨者，到回歸本性的求道者，這是尼采人類的成長三階段論。

內涵

　　隨著生活經驗的累積，我們的看法會不一樣。但年紀比較大，不代表看法就會比較正確。因為有些人的內在只停留在駱駝，有些人的內在停留在獅子，除非你來到象徵臣服於真理的小孩，否則你的人生不算走上對的路。

　　意識，隨著你的生活經驗而提升。駱駝象徵著跟隨者，它放棄自己的主見，不願為自己負責，它跟隨眾人的腳步走，由別人來決定它的未來；直到有一天，當它不願意再由別人來決定它的人生，不願讓別人來奴役它時，它將蛻變為一隻獨立的獅子。獅子是森林之王，具有單獨、冒險，以自己的方式找尋真理、獨立和不受支配的個性；直到有一天，當獅子不再滿足於自我狂傲時，獅子會再度蛻變成為臣服於真理的小孩，小孩象徵著探尋宇宙人生真相的求道者，他知道自己與整體之間的關係，能信任和循理而為。奧修師父說，尼采如果生在東方，

他會成佛。因他已經探索到意識的邊緣，他只要放掉意識，跳入存在……。

在古老印度的婆羅門教，距離現在一萬八千年前的修行者，以禪定的功夫突破六道的維次空間，下可看到地獄眾生，上可看到二十八層天的天頂，但是六道怎麼來的？六道之外是否還有其他維次空間則不得而知，佛陀以此因緣降生印度並向人類揭開宇宙人生的真相。所以，閱讀經典能打開你的視野，幫助你走出狹隘和主觀的觀點，轉而以更高的觀點來看待事物。

當這張牌出現在：

頭腦：你在思考，想要找出一個新的方式來看事情，或處理事情。這或許是來自你已經知道某些舊有的東西需要改變。

忠告：存在鼓勵你去改變你看待生命的方式，允許新的事情發生。從你個人小小的自我以及它舊有的信念來運作是不夠的。生命遠比你所想的來的大。如果你需要提醒你自己這一點，那麼你可以花幾個小時的時間，去注視那個充滿星星的浩瀚天空。有一些工作坊和探險，可能是可以改變你的觀點的好方法。你要記得從一個比較沒有個人色彩的空間來看事情，有一些新的事情已經開始發生，但是你必須要有覺知才不會掉進主觀的判斷和觀點而使你陷住在舊有的範疇裡。

結果：在你目前的情況下，最好是找到一個全新的看法和處理方式。你必須走出你狹窄的看法，好讓你可以從一個更寬廣的、更不主觀的角度來看事情。

彩虹之王 一 豐富

牌義：自信、具足內外在的力量、感恩的心是富足的心、
##　　　分享

圖象

　　彩虹之王擁有兩種富足，一是物質上的富足（以葡萄為代表），一是靈性上的富足（以書本為代表），書上有一片樹葉連結到下方，代表把知識落實到生活而變成實用的智慧。彩虹之王坐在雲上，周遭有雲彩圍繞，上方有彩虹直達上天，彩虹之王的富足來自他的善行。因為財布施得財富，法布施得聰明智慧，無畏布施得健康長壽。彩虹旁兩個圓球代表太陽，象徵陽性能量，他與彩虹之后形成天與地的對比。

內涵

　　古人云：「修福不修慧，大象掛瓔珞；修慧不修福，羅漢托空缽」。所以修福跟修慧一樣重要。彩紅之王不論在物質或靈性，他都是富足的。這就是為什麼奧修師父要我們去平衡發展兩者。物質與靈性就像鳥的雙翼，需要平衡發展，你才能飛得高、飛得遠。

　　奧修師父鼓勵你去追求，讓自己富足，金錢的、情感的、權力的，各種層面的富足，並且從富足中覺醒。對金錢的覺醒是布施，因布施能對治你對金錢的慳貪；對情感的覺醒是分享而不控制與占有；不控制與占有能對治你的情執；對權力的覺醒是為民服務，因為天為民立君，君為民設官，權力與地位是

拿來修道與行道的，如果違背天意，則德不配位，必有災殃。

富足最終的目的，不是為自己而是為別人。有錢人，再多的錢，也只是一個數字遊戲，但是當富足的人去幫助貧窮的人，這能帶給富足的人真正的滿足。

當這張牌出現在：

頭腦：你處於你的自信與富足之中，並信任你自己的處世能力。

忠告：富足來自於願意分享，你分享越多，存在會給你更多。財富來自財布施；智慧來自法布施；健康長壽來自無畏布施，你想要怎麼收穫就怎麼栽。或目前你要對你自己和你實際辦事的能力有信心，以一種簡單而實際的方式來處理手中的事並且可以以放鬆的方式來照顧任何發生的事。

結果：去分享你的財富與智慧，越分享你會得到越多。或你可以放鬆地處於你的自信之中並且相信你有足夠的能力可以處理任何可能發生的事。

彩虹之后 — 開花

牌義：分享、給予、享受每一件事

圖象

　　彩虹之王是男性能量，以太陽為代表。彩虹之后是女性能量，以背後透明的月亮為代表。她坐在一朵大花上，身上的種子開出很多的花朵。她胸前戴著一串代表不同能力的星座符號的項鍊，她不僅具足這些能力並使用它們來助人。下方藍色波紋代表女性能量水的特質，具有接受性、隨順、同理心的特質。

內涵

　　人生以服務為目的。要服務別人，自己必須有學問，所以，蔣中正先生說，學問為濟世之本。有能力才能助人。我們看古人，中國的孔子，印度的釋迦牟尼佛，西方的耶穌，中東的穆罕默德都是從事教育的工作來幫助眾生。其中又以童蒙教育對人的影響最為深遠，因為三歲以前，你教小孩的東西足以影響他到八十歲。所以易經上說，「蒙以養正，聖功也」。小孩從小培養他正確的品格，這比什麼都重要。而母親是孩子第一任老師，母親的言談舉止都是孩子模仿的對象。而好的母親來自好的女子教育，所以，有好的女子，才有好的母親，有好的母親才能為國家培養好的下一代，如同王鳳儀先生說的，姑娘是世界的源頭，姑娘好，世界就會好。

　　開花意謂著給出你外在或內在的財富。如同一朵雲，當它

滿載著水氣，它就必需要降下甘露以滋養大地，否則，滿載的水氣便形成它的負擔。

所以，你擁有的愈多，就要分享的愈多。更聰明的方式，就是把這一世的財富布施三寶，救濟貧苦，這樣就能把財富存到未來世的帳戶。

「一日之所需，百工斯為備」。每個人都能以自己的才藝服務社會。

當這張牌出現在：

頭腦：你想要分享你擁有的。

忠告：去分享你內外在的財富，就像花朵分享了它的美和芬芳。不要懷疑你的能力，透過分享，你將會發現你內在的富有和才華。如同一座礦產，如果沒有去開挖，你將無法了解它內在含藏著多少資產。分享越多，你將獲得越多。

結果：存在鼓勵你發展放鬆很敞開的品質。或許分享你的想法和表達你的情感是你不擅長的，但這是你目前需要去學習的事。或在你的內在找到安全的空間，支持你自己去表達你想表達的。

彩虹騎士 — 慢下來

牌義：慢下來

圖象

　　圖片上一隻烏龜在走路，烏龜不論做什麼事，總是慢慢來。牠不須趕路，不須匆忙，因為當下就是牠的目標，當下就是在家的感覺。奧修師父說你沒有辦法挫折一朵白雲，因為它所到之處，就是它的目標。就如同這隻烏龜，牠所到之處，就是牠的目標。

內涵

　　我以前做業務時，去上電腦課，因心浮氣躁靜不下來，所以，電腦課自然就學不會。但從印度回來後，去上電腦課，我的學習效果就很好，從這件事我學到了把心靜下來比什麼都重要。曾經有人問我，在印度待了六個月，我最大的收穫是什麼？我說我證實了一件事，人的心清淨就會有智慧。心清淨，人的觀察力就變得敏銳。放鬆、慢下來能帶給你意想不到的好處。在印度，我最喜歡看印度的天空，印度有七個月是旱季，七個月中，不會下一滴雨，所以天空幾乎沒有雲，它是一整片的藍天，Puna的樹又很高大，藍藍的天空配上樹葉，這就是我最愛的景色。晚上白袍兄弟會結束後，出了佛堂的門，一眼望去就是露天餐廳上放著一盞又一盞的燭光，那火焰在黑夜中，顯得特別浪漫。在印度，我一個人住、一個人去買菜、一個人去餐廳吃飯、一個人在街上遊蕩，有時，一個人在家點一

支香，我就可以在自己的庭院裡坐好久好久。有時候，過那種沒有目的的生活真好。人真的要檢視一下，在壓力與匆忙中，你究竟得到了什麼？你所得到的，真的滿足了你嗎？每個月，那些開銷是必要的嗎？在台灣，有一次我去申請理賠，服務人員遞上了茶點，就問我要看雜誌還是報紙。人總是喜歡把自己塞滿，好像空閒下來就不對勁。但在匆忙中，我們失去了跟人的連結，失去了跟天空、河流、星星、樹木的連結，更重要的是，你可能也失去了跟自己的連結。以前我開工作室，家裡沒有電視，學員問我沒有電視會不會很無聊，我們回到家，坐下來休息時，也要用電視把自己塞滿。如果你要提升你的意識，就要停止這些無意識的行為。放慢你的生活步調，你才能嚐到不同品質的生活、不同品質的意識。

當這張牌出現在：

頭腦：你在想著要慢下來，代表你現在可能是催促的。

忠告：就內在而言，如果你不去追尋，那你就達成了。就外在而言，做正確的事，正確的抉擇，比催促自己去做什麼事還要來得重要。或許目前你有很多的能量可以去達成什麼，但存在建議你慢下來，在慢下來中，你才能學習比達成目標更重要的事。

結果：在目前的情況下，你要慢下來，不要急著做某種決定和決策，因為有些情況你尚未釐清。現在不是催促趕路的時候，你要學習慢下來的藝術，你要了解有時候過程與決策比目標更重要。

彩虹小兵 一 冒險

牌義：依聖賢教誨而循理而行、冒險

圖象

一位小孩，他走入森林，沒有同伴，沒有導遊，但前面有一道彩虹吸引著他去冒險。

內涵

這裡的冒險不是指像飆車這種傷害自己的行為，而是進入你不熟悉的模式或領域來擴展你的見識或經驗，或驗證你所相信的真理，並透過實際的經驗而達到成長。我很感謝我父母對我的包容，我不結婚，他們也不會給我壓力，我要去印度與西藏，他們從來都不會阻止我去冒險。當年，我的想法很單純，我買了機票，航空公司就會把我送到印度，我是一個人從台灣出發，飛到泰國轉機，在泰國要登機時，我才聽到廣播說我的登機門要從前幾號的登機門調到很後面的登機門，泰國的機場很大，我的一個行李是配送的，另一個隨身行李約有十公斤重，我想我要如何背著十公斤的行李，要很快速的走到很後面的登機門登機，後來我找到了一種韻律，走起來又快又不累，走沒多久，就有一輛車向我按喇叭，我就坐上這輛車到我的登機門。我到印度的孟買已經晚上十點多了，當時我請一位早到印度的台灣女生，幫我叫一輛計程車在孟買機場等我，因為從孟買機場到Puna還要四個小時的車程，這位女生，我很感激她，她來機場接我。在去Puna的車程中，這位台灣女生要求我一定要一直跟司機聊天，免得他疲勞駕駛打瞌睡而出車禍，

因為這在印度時常發生。我在印度就認識一位巴西人，那是他第二次去Puna，他說他第一次去Puna時就發生嚴重車禍，當時他跟一位西方人搭計程車，車禍發生時，司機跟前座的那位西方人，在那場車禍中死亡。我到達Puna已經凌晨二點，我借住在這位台灣女生的媽媽所租的房子裡，隔天這位媽媽帶我去認識房東太太，這位房東太太對我很好，很照顧我，我跟一些當地的印度人，有一種一見如故的感覺。

　　我從小就對葬禮很好奇，離社區不遠處有一個火葬場，另一個是土葬場，我常去那裡閒逛，希望能見到印度的葬禮，印度人沒有收集祖先骨骸的習慣，所以，不論在火葬場或土葬場，四處都可見到人類的骨骸，不知道是否我常去逛的原因，有天晚上，就發生一件怪事，我在睡夢中聽見有一位男人的聲音，問可不可以碰我，在我還沒回答前，他就用手碰我的脖子，我就尖叫驚醒了，隔天，我就進社區去找一位巫師，她幫我檢查後，確認沒有靈附在我身上。雖然經歷這件事，我還是有空就去閒逛，後來真的讓我遇上了。亡者是一位男性，身穿白袍，頭上還戴帆船帽，頭的旁邊還放些糕餅，葬禮沒有棺木，只在遺體下面鋪一張白布。有一位祭師，舉辦儀式，祭師先把先前埋葬的人挖出來，然後把骨骸丟散在四周。如果這些四散的骨骸跟我們最終的身體沒有兩樣，那麼人生什麼才是真實和珍貴的？

　　冒險有很多面向，冒險去說出你的過失、去表達你不敢表達的、去國外獨自一個人生活、去嘗試一個經驗、去提出一個要求，冒險有很多面向，都不是你熟悉的模式，冒險會挑戰你的安全感，但它可擴展你的經驗和見識。

當這張牌出現在：

頭腦：你想要冒險，想要給自己更多的空間與自由，但也隨之而來感到興奮或恐懼。

忠告：目前你的成長來到想要有更多的自由與空間，所以你會想要做一些改變，但這也伴隨而來的感到不安和恐懼。冒險和恐懼是一個銅板的兩面，當我們準備去面對恐懼，我們就在生活上有更多的自由和空間，如果讓恐懼抓住，我們就會受限。存在鼓勵你去冒險，或許你固著在舊有的模式已經夠久，它已經無法再帶給你什麼了。我們都喜歡安全，但冒險能拓展經驗與視野，你要勇於去嘗試。

結果：你已經知道在舊有的模式中可以得到什麼，如果它已經無法滿足你，那你為什麼不去嘗試新的模式呢？給你自己自由與空間去走不熟悉的路，這雖然有點冒險，但這是拓展經驗和視野的機會。生命是一份需要去經驗的禮物，而不是需要去解決的難題。

彩虹之么 ─ 心智圓熟

牌義：智慧、知識透過落實而變成智慧、成熟

圖象

　　這張牌由數個象徵圖象有層次的堆疊而出。用花卉和光描繪出一個有智慧女人的形象，她經歷過背景裡的枯枝（代表辛苦學習的過程）和外圍的八角形，它代表中國的易經八卦，它是了解宇宙人生真相的古老工具之一。她透過辛苦的學習及落實它們而達到智慧的圓滿。以八卦外圍的蛇含著尾巴來代表蛻變和圓滿。

內涵

中國的學問與西方不同，中國的學問是心性之學，講求啟發你本有的智慧，所以，學習貴在專精，先專精而後廣泛。西方的學習重知識，所以學習不在精而在廣。中國是全世界最懂教育的民族之一。小孩從小就用背書來培養定性，背「弟子規」、「三字經」等。「三字經」是中國國學概論，之後才背四書。老師只要求你背，幫你做斷句，到十幾歲之後，才做解釋，二十歲以前，不可讀詩、詞、賦這些帶有情感的文章，只可讀經與史，因讀經典是培養定，讀歷史是長見識。

知識與智慧不同，知識是借來的、是死的；智慧是自性的顯露，是活的。根本智（智慧）是與生俱來，不是從外在學來的，所以，中國的學問重在求「定」，在「定」中開發根本智。

根本智開發後，它的作用是「般若無知，無所不知」。你沒有學過的東西，但一接觸你就明白了。在歷史上，有名的例子，就是禪宗六祖惠能大師與法達禪師的故事。驕傲的法達禪師讀頌過三千遍「法華經」，當他去拜見惠能大師時，頭沒有著地，大師問，你一定有值得驕傲的事，法達禪師回答，他讀頌過三千遍的「法華經」，大師問他「法華經」在說什麼，法達答不出來，反問六祖。大師說，我不識字，沒讀過「法華經」，大師說，這樣吧，既然你讀過三千遍，你背給我聽。「法華經」共有二十八品，當法達背到第二品時，大師說，不用背了，我已經知道「法華經」在說什麼。經過大師的解說，法達禪師就在那一次開悟了。所以，淨空法師不要我們學的雜，要我們一門深入，長時熏修。選定一部經典，十年就只學這一部。此方法，就是在開發根本智。

當這張牌出現在：

頭腦：你在想著如何運用智慧來處理問題。

忠告：存在鼓勵你，運用你內在的智慧來處理你人生中的事。要對你自己處事的能力有信心。你的成長繫於信任你自己的內在智慧，同時對你的能力有信心。

結果：在目前的情況下，你所能夠做的最好的事就是榮耀你已經達到的內在成熟。你可以放鬆的處於你的自信之中，而且認為你有足夠的能力可以處理任何可能發生的事。運用你的智慧來解決目前的問題，你也可以以師父的教誨或參閱經典來獲得指引，這些智慧或許可以幫助你解決難題。

彩虹之2 ― 一個片刻接著一個片刻

牌義：自發性、更新、一個片刻接著一個片刻的生活、活在當下

圖象

　　四方形代表房子和城市；石頭代表道路；背景中的波紋代表生命之流；禪師代表警覺。它們意謂著如果你要很警覺地生活在世間裡，就要一個片刻接著一個片刻生活，不活在過去也不活在將來，要活在當下這個片刻裡，因唯有當下這個片刻才是真實的。

內涵

　　我們會回憶過去和計劃將來，但這兩者對當下而言，都是虛幻的。因為過去已經過去，你不能為過去改變什麼，而將

來尚未來臨。我們的意識有兩種模式，一種是平面，一種是垂直。你可以想像海洋，如果你的意識是平面的，例如活在過去或將來，那麼你只停留在海平面。如果你的意識是垂直的，你就不能背負過去的包袱跟寄望於未來。唯有當下這個單獨片刻，你才能經驗到存在性的經驗，存在性經驗的來臨，從來都不是靠你的計劃和努力而來。但是你的頭腦執著於過去，你透過過去來生活，於是你每一個片刻都是重複的。試著去察覺你那喋喋不休的頭腦，它一直在重複，重複著舊有的句子和影像，這些形成了你眼前的簾幕，然後，你又透過這個簾幕看世界。除非你覺察到這個簾幕的存在，你才有機會在當下這個片刻不受過去影響。

　　一個片刻接著一個片刻，每一個片刻都是你真實的爆發，或許你會害怕，因為你習慣把自己包裝在完美跟安全之下，但它是死的，它不會生出生命的汁液。例如你等一下要去約會，對方是你心儀的對象，為了要給他留下好印象，你在心中已經開始預演了你們約會的內容。但是，當你們真正見面時，你預演的內容全部用不上。生命是流動的，但你想要重複，因重複帶給你安全，但重覆也帶給你昏睡；流動帶來不安全感，但不安全感帶給你警覺。當你能一個片刻接著一個片刻的生活，你每一個片刻都會是新的，你切斷與過去的延續，那是很大的祝福，因為錯誤的反應模式可以停止，例如當你感到無所適從時，你就失神了；當你做錯事或對你自己不滿意時，你就感到心痛或不斷的責備自己，這些過去無意識的慣性，因著一個片刻接著一個片刻的生活，可以把這些慣性打破，一個新的自己就有可能誕生，所以，要相信你自己的自發性，要相信你自己可以成為真實的。

當這張牌出現在：

頭腦：你想要讓事情一步一步的展開，並且信任一切的發生。

忠告：你已經準備進入禪宗的存在方式，它是很放鬆地進入每一個片刻的豐富裡，這需要某種信任。允許存在成為你的老師，並帶領你到你需要去的地方。也許你會覺得對某件事沒有耐心，想要使它快點發生或是做出結論。要繼續記住，你目前的成長，有賴於放掉控制，只要看著當下逐步的發生。

結果：在目前的情況下，你最好是按部就班地讓事情以它自己的方式展開，只是看著當下的發生，而不要試圖做出你自己的答案或是找出你自己的方向。學習處在當下的訣竅就是把覺知帶回到你的身體，清楚你身體的感覺和思想、情緒的狀態並隨著目前的發生走。

彩虹之3 — 引導

牌義：借用古聖先賢的智慧來引導你、直覺、與經典相應的引導才能採用、幫助、內在的知

圖象

　　圖片中左邊帶著翅膀的天使，在引導後面的女生。這位引導的天使可能來自兩個部份，一個來自你內在的直覺，一個來自外在跟你有緣的佛菩薩、護法神或你稱之為世間的貴人。他們在你危難或必要時會來幫助你。後面的女生，頭向後看，代表她猶豫著要不要接受直覺或引導，因為她對內在直覺的不確定。

內涵

　　引導有內在的引導和外在的引導。引導無所不在。外在的引導有讀書、占卜，或來自高層次靈性的引導等；內在的引導是直覺和內在的知。

　　以前我在一個團體上課，帶該課程的老師已婚，卻對我過度熱情，我很困擾。但有一天午睡時，佛菩薩來告訴我，有關這位老師的事情。佛菩薩只跟我講一句話，我就有力量可以抵擋他。而且，這位佛菩薩還在夢中跟我講經說法。我們所做所為所思，都瞞不過佛菩薩，而且在你急難時，佛菩薩會來拉你一把。我當時並沒有把這位老師的不當行為往上呈報，因我不希望三、四百位學生的受教權被影響，因為這位老師真的教得很好，而且我相信他可能是情不自禁，可能是我這一個善念，感來這位佛菩薩的幫助。所以，人要常有善念，善念與佛相應，惡念與魔相應，所以，人要常常動念省修。這是來自外在的引導。

　　另一種是來自內在的引導，直覺是其中之一。譬如你在吃便當，你可以吃到這位老闆是以什麼樣的心態在做便當；你早上吃的三明治，你可以吃到這位工人的訊息；旁邊有人在倒她自製的茶飲，你可以知道她以什麼樣的想法在做茶飲……，引導無所不在。

　　奧修師父說，內在的引導是觀照和直覺。因我們的自性是空無。寂靜是空無的體，觀照是空無的作用。在觀照中，你清楚你內在和外在的發生。

　　關於直覺，有一本書叫「曠野的聲音」，裡面是敘述澳洲原住民真人部落在曠野沙漠的生活事蹟。他們的直覺發揮得

淋漓盡致，他們用心電感應取代電話，用能量閱讀，瞭解根莖植物成熟否，看沙地的腳印可知行人健康或生病，這群沒穿衣服的原始人，他們的生活與醫藥全取自大自然，他們醫治開放性骨折，只需花費一天時間，他們的心靈跟生活處在高度的文明。他們透過「曠野的聲音」向世界發聲，要我們好好檢視自己的心靈是如何被物慾所蒙蔽，我們無知的去破壞自然生態，無疑是對自己的慢性自殺。

另外，在2012年，瑪雅預言世界末日的那段期間，有很多靈媒來找淨空法師傳達世界末日的訊息，法師說這些靈媒所傳達的如果跟經典相應，就可以相信；如果跟經典不相應，就不可以相信。你的直覺也一樣，跟經典相應的才可跟隨。

當這張牌出現在：

頭腦：你希望獲得指引和幫助，或你感覺到有來自高層次的引導。

忠告：經典和覺知是你內在的引導。當你越敞開，跟周遭越有連結，心越清淨你就越能接收到引導。有些是你在睡夢中，來自高層次的師父對你的教導。目前對你最有幫助但也最困難的事是敞開心來接受引導，如果你不願意放下執著和掛礙，那你就無法前進。引導的內容必須與經典相應你才可以跟隨。

結果：目前你需要敞開心靈，讓大自然和周遭事物引導你去看你需要學習的事。其實來自高層次的引導一直都在，只是被我們雜亂的思緒和一堆煩惱所阻擋。或挑選一本師父的書，閉上眼睛做幾個深呼吸，你翻開的那一頁或許是師父要給你的引導。

彩虹之4 — 守財奴

牌義：慳吝、保護、執著

圖象

　　一位穿金戴銀的貴婦，捧著快滿溢出來的金銀珠寶，她一點都沒有想要分享她那滿溢的財富，反而築起一座牆來保護她的財富。她的吝於分享，縱使她穿金戴銀，也讓她看起來很醜。

內涵

　　古人說，「一飲一啄莫非前定」。你這輩子可以吃多少、用多少，是依你前世布施多少而來的。守財奴，她這輩子的財富是上輩子財布施而來。但如果她這輩子吝於分享，下輩子她就沒有財富了。財富，你擁有越多，就要分享越多。你分享越多，你就擁有越多，它是一個良善的循環。積財喪道。人會變成守財奴，原因是恐懼。

　　萬事萬物都循著因果法則發生。財富、名聲、地位絕不是貪求、競爭或耍手段得來的。財富由財布施來，名聲地位由德行來，貞良配偶由不邪淫來，說話有威信由不妄語來……，你想要的東西，都可以依因果法則求得。守財奴這張牌不但指對財富的慳貪，也可能包括對名聲地位的執著。

當這張牌出現在：
頭腦：你在想著保護你的東西，或你執著於某些東西。
忠告：你目前的成長就是學習如何放掉執著。人生有帶得走

的，也有帶不走的。人生唯一帶得走的是你的善行而不是任何物質和親情，如果你所執著的是帶不走的，你要有智慧的放手。

結果：緊抓你的寶物並不能帶給你真正的安全感，真正的安全感來自一顆信任的心。你認為擁有東西的方式就是佔有，但因果法則剛好相反，你分享越多，你就獲得越多。明白道理的人，會把他的寶物儲存在生生世世都可用的帳戶裡。另外，這張牌正向的解讀是保護自己。

彩虹之5 — 局外人

牌義：被排斥的、不得其門而入、挫折的、困難的

圖象

　　一位無助的小孩被排拒在門外，他想打開那扇門卻不知道如何開鎖，但他並沒有看到鎖是開的，他只要打開那個鎖，他就可以進去了。

內涵

　　日本311大地震，台灣對日本的捐款是世界之冠；飢餓三十為了救援非洲，讓人體驗飢餓的痛苦並呼籲大眾捐款；慈濟慈善團體，哪裡有災難，慈濟都是第一到位的民間團體。沒有任何一個人是局外人，因為我們的心是連在一起的。但是，當人有私欲與好惡，就有了分別。譬如，在家庭裡，並不是每一位孩子都能得到父母同等的關愛。那些較少得到關愛的孩子，可能就有被排拒的感覺；在職場裡，並不是每位員工都能得到

相同的待遇，有時候，那個最認真的並不是最討主管歡喜的。

　　人與人之間如果沒有四種緣份就不會聚合在一起（討債、還債、報恩、報怨）。如果人與人的關係是處在討債、報怨的關係中，例如，子女不被父母接受、下屬不被主管接納、在團體中被排拒……等等，如果面臨這種關係，你要當還債想，或許你過去世也這樣對他，要放下對立和難過，是過去的因，造成現在的果，遇到這種情況，你可以在心中跟他道歉，並送祝福給他，或許被排拒的情況會改變。

　　這張牌的另一種情況是遇到挫折，不得其門而入。如果是在學習方面，古聖先賢曾子的精神，值得我們效仿。曾子云：「人一能之，己百之，人十能之，己千之」，別人如果一次學會，我學百次，別人如果十次學會，我學千次。這叫勤能補拙。另外，淨空法師的方法是拜佛，讀經書不懂之處，就去拜佛，回來再讀就懂了。

　　處在任何困境，都要靠自己站起來，自怨自艾是無濟於事的，因為自助而後人助而後天助，切不可自暴自棄。況且，處逆境正是提升自己的機會。

當這張牌出現在：
頭腦：你將你生命中的某些事情看成是一個困難，你的頭腦非常擔心它。這可能是一個事實，也可能只是你頭腦的一個概念。
忠告：存在鼓勵你去處理那個或許你已經逃避了一陣子的困難情況。你目前的成長就是要看著你的困難，它可能不好玩，但是它對你的成長一定有幫助。
結果：目前有一個情況你真的需要去處理或是面對，要直接面對那個限制和難題，它是不會自己消失的。

彩虹之6 — 妥協

牌義：接受、協商、妥協

圖象

　　兩個日本男人用小拇指打勾勾，他們在私下達成了協議。當兩方有不同意見時，是需要透過協商來達成共識的。所以它有接受的意思，但有時是迫於無奈的妥協。

內涵

　　在每一個生活層面，我們都在跟人協商。家庭、工作、外交、談生意都需要跟人協商。在協商過程中，有些事情可以妥協，有些事情不能妥協。生活小事可以妥協，生死大事不可妥協。

　　在我剛接觸奧修的時候，因為父親是基督徒，電視有時報導一些宗教教師騙財騙色的新聞，所以父親極力反對我看奧修的書及上靜心和治療課程。當時，我覺得我好不容易找到了人生的出路，所以，在當時，我沒有向父親妥協。父親也就沒有再堅持他的立場。但是，我的態度比較強硬，現在想起來，有失做人子女的分寸。後來，我接觸到淨空法師，父親還是反對我聽淨空法師講經。像我這樣的例子，要跟父親協商，真的要付出時間和耐心，更重要的是，要讓父親看到我的改變跟成長，這樣才能讓他安心。對於父母錯誤的見解，子女規勸的方法就如「弟子規」上說的，「諫不入，悅復諫」。還有，我要去印度修行時，我的同事都勸我，為什麼不等退休後再去，為什麼不等賺到多少後再去……，但有可能在你還沒賺到多少之

前，你就被死亡接管了。哪一樣是重要的，哪一樣是次要的，在妥協時，孰輕孰重，你可要明白。

當這張牌出現在：

頭腦：你在想著妥協，它可能意味著有一部份的你在抗爭，或者它可能是你的頭腦已經退讓了。

忠告：存在鼓勵你去面對事實，接受事實的現狀，不要試圖抗爭或改變，你只能從你目前所在的位置去開始你的旅程。單純的接受一切的發生，就是你的成長，它可能意味著目前你要這樣做有困難。

結果：在目前情況下，你最好是讓事情按照它的現況存在，跟事實抗爭無法達成什麼。

彩虹之7 — 耐心

牌義：耐心等待

圖象

　　一位懷孕的母親必須有耐心的讓胚胎以它自己的時間慢慢長大。自然法則無法被催促，就像母親頭上的月亮，它依自己的時間呈現圓缺。

內涵

　　古人云：一年之計，莫如樹穀；十年之計，莫如樹木；終身之計，莫如樹人。種植稻穀，需要一年時間規劃；種植樹林，需要十年時間規劃；培養人才需要一輩子時間的規劃。任

何事情要成就都需要時間的累積且不同事物，需要不同的時間。愈重要的事，時間就需要愈長，對社會影響深遠且重大的事，更是如是。老法師說，他布施了十年，才感到布施的很自然，以前都覺得布施的很勉強；還有持戒，如果沒有五年、十年的累積，持戒是看不到效果的。

　　一切事物的發生，都循著真理走，我們可稱之為因果法則。因果法則即非迷信，也非玄學。它有理論，有方法，你所想要的，都可透過落實這個法則而得到。窮苦人家，如果省吃儉用，存下一點錢來布施，小布施會得大財富。如果經濟上不許可，用一顆善念的心也可以布施。

　　凡事只求耕耘，不問收穫。你只要把目標放在你應該做的事，成果會隨著時機成熟時來臨。

當這張牌出現在：
頭腦：你在想著要耐心等待某件事的發展，它可能意味著那並不是到目前為止你一直在做的事。

忠告：存在教你等待的藝術，不是一種昏沉無力的懶惰，而是懷著耐心，信任生命將會在適當的時機以適當的方式給予你所需要的。每當你覺得沒有耐心，或是想要加速前進，那麼你可以試著跟大自然連結，了解每一件事都唯有在時間對的時候才能夠發生。此時你的成長就是學習如何耐心等待，這可能意味著等待對你來講並不容易。如果你發覺你自己變得煩躁或是太衝動，那麼就試著深呼吸，並將你的覺知帶回到你的腳，使你自己回到你內在所處的狀態，看看這樣做是否有幫助。

結果：在目前的情況下，你最好是等待事情以它們自己的方式和時間來發展。要有耐心，試圖往前推進並沒有辦法得到什麼。

彩虹之8 — 平凡

牌義：務實、道在平常，平常是道、真實、平凡、自然、在日常生活中……

圖象

　　一個女人很悠閒的在鄉間行走，沿路採花草。任何事情都離不開生活，穿衣、吃飯離不開生活，修行、工作也離不開生活。凡事都在平凡的生活中成就。

內涵

　　在大陸有一位海賢老和尚，活到一百一十二歲。一生不用人照顧，自己煮飯、洗衣還可以種田，他吃的東西都是自己在田裡種出來的，吃不完的還可以拿去救濟窮人。一百一十二歲還可以爬樹去摘柿子。他年輕的時候，腿上長了怪病，他的母親帶他尋醫治病都治不好，他母親聽說這是業障病，於是帶他去寺廟念佛懺悔業障，沒想到念三個月，腳上的怪病就好了。於是就在這間寺廟出家。當時，他才二十歲鄉下小孩，沒念過書也不識字，於是他的師父就教他念一句阿彌陀佛，他在種田時心裡、口裡就念一句阿彌陀佛，在生活中也是。念了九十二年，去世的前一天還在種田，去世三天後，身體還很柔軟。他的一生過得比誰都平凡，但在平凡中也顯出他的不平凡，去世前，他知道佛什麼時間來接他，預知時至離開人間。這位平凡的老人去作佛了，他的成就勝過講經說法的大法師、名山古剎的大住持。

　　任何成就都在平常中訓練出來的，例如：籃球高手在球場上傑出的表現，是靠他平常在球場上苦練好幾年的成果；游泳選手、體操選手沒有一樣不是靠平常苦練而來的。

　　修行也是一樣，修行者每天在挑水砍柴中磨練自己的心念，在日常生活中修正自己錯誤的行為。行為分三類：身體、言語和心念。修行者要在平常中，時時觀照自己的心念，因為念頭是一切行為的根本。奧修師父說如果你是覺知的，那麼在廚房裡挑水砍柴跟在禪堂裡靜坐是一樣的神聖，重點不在你做什麼事，而是你做那件事的品質。所以生活就是最好的練習，生活不離開修行；修行不離開生活。平常就是道，穿衣吃飯無一不是道。

當這張牌出現在：

頭腦：你想要過著返璞歸真的生活，或者你覺得你的想法很務實，或者你在想著你的真實與平凡。

忠告：存在鼓勵你去成為真實和平凡的，不真實、不平凡並不能帶給你什麼。任何你想達成的，都必須透過日常生活，穿衣吃飯中去達成，因為生活就是神。或是你要學習從大自然中得到樂趣與滿足。

結果：在這個情況下，你最好是對於任何發生或你的任何感覺都很真實。或許你有把事情複雜化的傾向，但實際上，它是小事一椿。成為平凡的，那麼每一件小事都是幸福的來源。

彩虹之9 ─ 時機成熟

牌義：正是時候、自然會發生的

圖象

　　果實成熟了，自然會掉落下來。凡事都有時機，萬物都遵循著自然法則。也就是老子所說的道。種子是因，果實是果。聰明人，看到因，就能推算出果。也就是種善因得善果，種惡因得惡果。人的一生，就是因果的寫照。掌握因果，你就掌握幸福人生。

內涵

　　古人說，「善不積，不足以成名；惡不積，不足以滅身」。所以，莫因善小而不為，莫因惡小而為之。善惡作為都能積沙成塔。積善，福未至，或積惡，禍未至，均因時機還不成熟，一但時機成熟，因果報應，絲毫不爽。我喜歡看GoodTV頻道的真情部落格，有一集播出一位開鵝肉餐廳的老闆，他原本就做鵝肉買賣，後來跟朋友頂了一家店，開鵝肉餐廳一年多後，發現罹患口腔癌，前後手術二十幾次。殺生或買賣肉品，都要承擔因果，所以，佛告誡我們，殺生或買賣肉品都不是好的職業。有人聽說後，把餐廳改為素食餐廳，就是怕承擔殺業的因果。我在市場，會跟一家固定攤買地瓜，我跟老闆娘和她兒子都熟，有一陣子，我都沒見到老闆娘，後來她兒子才跟我說，他媽媽因車禍死亡。他語重心長的說，他爺爺是殺豬的，但報應都報在他爸媽身上。其實這句話，他只講對了

一半，報應最重的是他爺爺，他父母只受餘報而已。所以，平常所做所為，因果報應之理都不可輕乎。所有的事情都是累積而來的，善最後累積成福，惡最後累積成禍。所以，財富、健康、智慧、婚姻幸福、工作順利，這些都是善行累積而來的，反之，車禍、意外事故、貧窮、多病、工作不順，這些都是不善行為累積而來的。

任何小善、小惡都會累積，等時機成熟時就一定會發生。

當這張牌出現在：

頭腦：你在想著目前是正當時機去做某些事的時候，或是對於已經發生的事，你認為它就是需要這樣發生。

忠告：存在鼓勵你放鬆地進入生命之流，生命帶領你到哪裡，你就跟著它流動，並且接受每一件事都是按照它所需要的方式發生。

結果：此時是正當時機讓某些事情浮現的時刻，目前的發生就是需要這樣發生，接受它並從中學習。如果這樣的發生你不喜歡，你就要負起責任去改變它。

彩虹之10 — 四海一家

牌義：一體性、由一體性而生起的同理與慈悲、全體、全球、群體

圖象

　　地球上不同膚色的人們，手牽著手圍成一個大圓。代表全體人類源自一個大家庭。不只人與人是一體，我們跟地球與宇宙也是一體。這張牌在講一體性，也是老子所說的，「天地與我同根，萬物與我一體」的概念，也就是奧修師父所說的「存在」。

內涵

　　世界上所有偉大的思想都在談論關係。儒家談人與人之間的關係；道家談人與山河大地花草樹木的關係；佛家講人與天地鬼神的關係。因為你不可能離開關係而活著。幾天沒有水、沒有食物，你就會死；幾分鐘沒有空氣，你也會死；你的身體來自父母；你的生存依賴自然環境。我們都需要彼此。你是存在的一部份，就像身體中的一個細胞，如果生病了，整個身體都可以感受到你的不舒服，如果你是健康的，身體會因為你而運作得更好。

　　人與天地萬物之間，都是相互影響的。住在花東的陳樹菊阿嬤，她以賣菜的微薄收入，累積一千多萬，捐給學校，她的善行被報導出來後，台灣就出現許多小額捐款，一個不識字的阿嬤，她的行為影響了台灣及全世界。所以，不要小看一個

人的影響力。在團體裡，每一個人盡他的本份職責，就是在發揮他的影響力。在五倫關係中，父子有親、君臣有義、夫婦有別、長幼有序、朋友有信，在關係中盡本份，就是發揮你的影響力。

當這張牌出現在：
頭腦：你在想著全球的眾生，或某一個團體，或你的家族。
忠告：全體人類是一個生命共同體，共同承擔繁榮與災難。個體與整體又相互影響，所以你的言行要先考慮到對整體的利益與影響。袁了凡先生告誡我們，你的言行要考慮到「不論現行，而論流弊；不論一時，而論久遠；不論一身，而論天下」。你的言語行為，起心動念都對整體的好壞有一份的貢獻。或是你對別人要有同理心，這會幫助你更融入群體。
結果：你的言語行為，起心動念都要考慮到它對全體人類的影響，你為整體所做的最後都會回到自己身上，所以利人就是利己，善待環境就是在善待自己。你承諾過要對全體人類做出貢獻。

第四部分　牌陣

如何提問問題及抽牌

如何提問問題

　　在抽牌之前，你需要先想好你的問題後再抽牌。你的問題必須精確、單一的，好讓牌可以反映出要給你的答案，如果是複合式的問題，你就必須分二次來抽牌，因為每一次只能是單一問題。還有不要期待塔羅牌給出是或否、對不對、應不應該……諸如此類簡單的答案，因為它永遠能夠給出更多有關於你意識成長的訊息及建議，所以問題應該以這樣來發問：關於……問題我需要了解什麼；或關於……事情我需要做什麼；或關於……事情我是處在什麼樣的狀況。只要你願意敞開心靈，你將獲得很多訊息。

如何抽牌

　　針對一個問題可以抽幾次牌；針對一個問題，如果抽兩次牌，會不會得到不一樣的答案；針對一個問題，多久可以抽一次牌等等，學員常問及諸如此類的問題。

　　當你帶著問題來抽牌時，是你本身的磁性能量或是你內在較高自我引導你去抽那些牌，它是來自你較高自我要給你的訊息，所以，當你在抽牌時，記得要不慌不忙，給自己一些時間、空間，引導你自己處在當下，這將為你自己創造出一個神

聖的空間，可以跟內在的「知」或直覺，取得聯繫的方式。

　　我建議你一個問題只抽一次牌，除非事情有些變化或你的想法態度已有不同，才去抽第二次。記得，不要想藉由多抽幾次牌好讓你可以得到你想要的答案，那就已經失去抽牌的意義。還有，塔羅牌是提供意見並非幫你做決定，你必須為你自己的決定負責。

牌陣與如何解牌

　　本書的牌陣共有四種：十三張牌目前生活解讀法、三張牌問題解讀法、四張牌關係解讀法和複合牌陣解讀法。

　　這些「牌陣」是引用「直覺式塔羅牌」書中的牌陣。就如同曼格拉說的，這些牌陣是獨一無二的，你在其他書上找不到，因為它們是為了提升意識而設計並允許一個自由敞開的空間來讓直覺運作。當你越來越熟悉它們，你會發現透過這種方式解牌，能使你在讀牌中有很深入的了解，透過這些牌陣會有越來越多深層的意義會呈現出來。

　　以下將列出不同牌陣的說明：包括牌陣的特色及適用問題、每個位置所代表的意義、如何排列它們及如何解讀等。還有，不論你是使用哪一種牌陣，當你在抽牌時，你所抽出的牌的順序，就是排法位置上的順序，所以，千萬不要搞混了那些牌。

一、十三張牌目前生活解讀法 — 唯一不需要提問問題的解讀法

　　它是一個比較寬廣的排列法，用來協助我們看到生活中不同面向的每一個狀況，是初學者容易上手的牌陣，因為每一個生活面向的位置只配一張牌，例如：代表工作這個位置，它只用一張牌來反應出工作上的狀態，是你馬上能了解並解讀的。

（一）十三張目前生活解讀法，共有十三個位置，它能反映出在目前生活中的每一個面向的狀態或是針對單一問題的解讀法均適用。

（二）**十三張目前生活解讀法的十三個位置所代表的意義：**

1.　**一般看法**：你對人生的態度。你以什麼樣的觀點、態度來看待目前所發生的事件。它比較是你認為的，而不一定有事實的基礎。

2.　**溝通與連結**：你在別人面前表達自己的方式，你如何跟周遭的人談話或連結。你以什麼樣的模式、態度與別人溝通。是開放的或防禦的，是流暢的或小心翼翼的。

3.　**工作**：如果你有一份特定的工作，那麼這一張牌將會顯示出你在工作上所發生的。如果你沒有特定的工作，它就代表你在實際上是如何在使用你的能量，或是你在做什麼？或是你如何做它。你工作上的能量或狀態會反應在這個位置上。

4. **內在自己**：你跟你內在的連結。什麼事發生在你的內在，不涉及任何外在的事，它是你內在的過程，你如何感覺你自己或是如何跟你自己連結。你如何看待、對待自己？

5. **性能量**：性能量它不只是關於性，也包括你對異性的態度，它意指廣義的生命力，而性是生命力的源頭。

6. **身體**：身體處在什麼樣的狀態中？它被什麼所影響？是否有處在當下（處在當下意謂著處在身體裡）？有時，我們身體的狀態是心理層面的問題影響到生理層面上的反應。

7. **主要關係**：你與你親密關係人的情緒反應或互動狀態，會反應在這個位置上。如果你有一個先生或太太，或是一個男朋友或女朋友，那麼這將會在這裡顯示出來。如果沒有，它將顯示出你跟最親近的人的能量，或者是你準備進入親密關係的狀態。親密關係人包括先生、小孩、父母等，是與你在生活上有緊密關係之人。

8. **新的觀點**：這個位置是在給第九號牌頭腦的忠告。這個位置所顯示的牌，可能會支持你的觀點，但也可能會給出與你頭腦不同想法的建議。它也有可能與十、十一、十二號牌併在一起給出忠告

9. **頭腦**：你所想的。這張牌顯示你頭腦的主要顧慮，頭腦被什麼所佔據。就像你將會看到的，這跟真正發生也許有關係，也許沒有關係。在目前的情況下，你是如何思考的？

10. **高峰經驗**：是你目前需要去做、需要去看的。是此刻的你可以去經驗的高峰。是對你目前所處狀態或所面對的難題的建議。

11. **心靈訊息**：高峰經驗是你需要去做的，需要去覺知的。心靈訊息則是你需要了解的，你可視它為存在給你更寬廣的建議。

12. **靜心**：這裡的靜心並非指靜心冥想。而是就目前的問題有一個主題對你而言是最困難，但也是你需要去學習或穿越的，是你需要一直注意到的，對你而言是最大成長的事。

13. **綜觀**：目前你所面對的問題、處境或你要走的方向，或目前你正在經驗的主題。

附註：
1、 第八、十、十一、十二號牌，所呈現的意義，可以參考「第三部分」列在每一張牌解說後的「忠告」和「結果」。

2、 第九號牌，所呈現的意義，可以參考「第三部分」列在每一張牌解說後的「頭腦」。

3、 其他號牌，所呈現的意義，請參考「第三部分」的「牌義」

（三）十三張牌的排列方式：

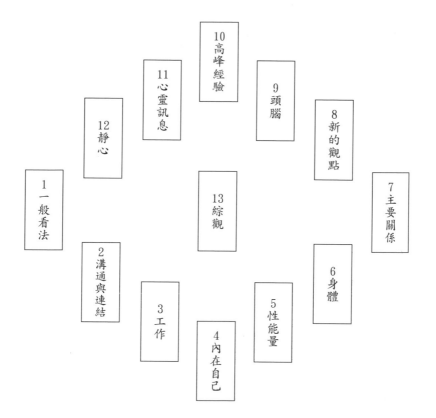

（四）在這十三張牌中，你需要分四個層面來解讀，我以「魚示圖」來說明：

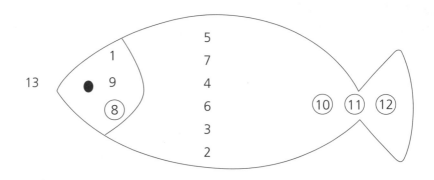

第一層面（綜觀）　第二層面（魚頭）　第三層面（魚身）　第四層面（魚尾）

四個層面的解讀：

第一層面是綜觀：是你從山上往下看，來得到一個綜合、整體的觀點。

第二層面是魚頭：包括你的看法，你以什麼觀點來看你的生活、你思考的主題、是什麼佔據你的頭腦。

第三層面是魚身：是你生活各個面向的真實反應。

第四層面是魚尾：它像是舵。它是改變所需要的了解，或是目前需要去做的事。

第一層面　綜觀

先看十三號牌綜觀，先取得一個綜合觀點。這是你目前正在面臨的主題或要前進的方向。它顯示出你處在什麼狀態、經驗什麼主題、前往哪個方向等等。

第二個層面：頭腦的層面（魚頭）

1. **再看一號牌一般看法**，你以什麼觀點來看目前的生活，你對人生的態度。
2. **再看九號牌頭腦**，你頭腦有什麼想法，或什麼佔據著你的頭腦。
3. **最後看八號牌新的觀點**，這張牌是在給九號牌頭腦的忠告和建議。
   在「魚示圖」中，忠告牌會在數字外加框，以利區別。

第三個層面：身體、內在、生活的層面（魚身）

在第三個層面的解讀順序，要視問題來決定從哪一號牌開始。如果問題是有關於工作，你可以從工作這個位置開始；如果是關於關係，那麼你可以從關係的位置五或七號開始。或者在這個層面上有難題牌出現時，你也可以先從難題牌開始，因為它是案主馬上可以連結到的狀態。關係常是我們的焦點所在，所以，我們就從它開始。

1.　**五號牌性能量**，如果你有在關係中，這個位置將顯示性能量的狀態（它是敞開的或關閉的、是控制或流暢的）；如果目前你並沒有男女朋友，則它將顯示出你對異性的態度。性能量是生命力的源頭，當它受阻時，生命力就會下降。

2.　**七號牌主要關係**，這個位置顯示出你跟主要關係人的能量連結。在關係中，有什麼事發生在這個位置上。它與性能量這張牌有相呼應嗎？

3.　**四號牌內在自己**，你跟你內在的連結。有什麼事發生在你的內在及你如何看待你自己、對你自己感到如何？

4.　**六號牌身體**，在目前的情況下，身體處在什麼樣的狀態中？是急忙的還是放鬆的？是否有很多情緒累積在身體裡？是否有其他牌影響著身體的能量？

5.　**二號牌連結與溝通**，你在別人面前表達自己的方式，你的溝通模式。或在特定的主題下，你說了很多話，還是有話不說？還是溝通時很小心翼翼的或是溝通對你而言是困難的。

6.　**三號牌工作**，你工作的能量狀態會反應在這個位置上。你對目前的工作是否感到滿意或是失望的或是壓抑的？

　　以上除了第八號牌之外，每一個位置都真實的反應出你生活的各種狀態，只有反應，沒有建議。一到九號牌它們彼此間並非分離、單一的，而是互相影響。有時關係位置的狀態可能影響到你如何看待你自己或在身體上呈現出情緒的反應。它們像星系般，彼此間相互影響著。

第四個層面：忠告（魚尾）

在看完第一、第二及第三層面之後再來看第四層面的忠告，如此你才能夠知道，這些忠告牌是在給哪些牌忠告。

1. **十號牌高峰經驗**，是目前你所面對的問題所需採取的行動。它或許顯示出你需要主動去溝通或作為，或者是去經驗你一直在逃避的悲傷情緒或是對目前的發生持友善的態度……，或是目前你能為自己做什麼，對你而言是最好的。

2. **十一號牌心靈訊息**，這個位置所給出的建議是更寬廣的。它是指引、支持十號牌高峰經驗的訊息。例如：高峰經驗告訴你需要拋棄舊有的思考模式、想法，因它限制了你前進或接受新事物的意願。心靈訊息則是給出一個寬廣的訊息，指引或支持你去做高峰經驗所給出的建議所應有的了解。

3. **十二號牌靜心**，是你需要帶著覺知，去經驗目前對你而言最困難，也是你最不擅長，但對你而言是最大成長的事。例如：在關係的議題中，這個位置出現了愛自己的牌，顯示在關係中，去傾聽自己的感覺、去愛自己對你而言是最困難的事，因此這是你需要帶著覺知去學習的事。

讀牌的訣竅

步驟一：在你進入解讀前，先對整組牌有一個綜合的觀感。當你將這十三張牌視為一幅連環畫時，你的感覺如何？你的第一個印象是什麼？有哪些牌特別吸引你的注意？主牌很多嗎？有沒有哪一組副牌特別多？有很多難題牌嗎？只要注意，不要分析。

步驟二：有哪些牌，讓你感覺到它們之間有前因後果的關聯性，譬如，因為…所以…。

步驟三：有哪些正向的資源，落在哪些位置。

步驟四：忠告牌是給哪些困難牌忠告，忠告牌之間的關聯性如何，它們可串連成一個建議嗎？

步驟五：十三張牌就像是一座星系，彼此之間互相影響，當你越來越熟悉這個牌陣和你的牌，就會有越來越多的訊息會浮現出來。所以你要儘可能的去交織牌與牌的相關性。這就是為什麼第二部分學習關鍵中「寓教於樂」的練習的重要性。

（實際的操作方法請參閱真實案例解說）

二、三張牌問題解讀法

它是一個簡單的排列法。

（一）三張牌問題解讀法共有三個位置，它們分別代表頭腦、忠告、結果。同樣的，這些位置相應於隨著某一特定問題所抽出的牌來解讀。

(二) 三張牌問題解讀法三個位置所代表的意義:

1. **頭腦**:在某一特定的主題下,你如何看待這件事?你認為事情是如何?什麼思緒佔據著你的頭腦?這是你有意識的部份,是你自己知道的,而這張牌如實的反應出你頭腦的想法。
    附註:關於在這個位置的牌所呈現的意義,可以參考「第三部分」列在每一張牌解說後的「頭腦」。

2. **忠告**:在目前的情況下你需要去做或去看的,這是來自更高的知給你的訊息。這個位置有時可視為是給第一張牌的註解,它道出了事實的真相,而非頭腦所認為的事實。也就是說,第一張牌是表象的,是你認為的,而第二張牌才是事實的真相,是你需要去看見的。
    附註:關於在這個位置的牌所呈現的意義,可以參考「第三部分」列在每一張牌解說後的「忠告」。

3. **結果**:如果你遵循第二張牌的忠告將獲得的結果,或是當你看清楚真相後,所需採取的行動。
    附註:關於在這個位置的牌所呈現的意義,可以參考「第三部分」列在每一張牌解說後的「結果」。
    以上,如果這三個位置的訊息不足以幫助你解牌,請參考「第三部分」各張牌的「牌義」。

(三) 三張牌問題解讀法的排法:

頭腦	忠告	結果
第一張	第二張	第三張

（四）三張牌問題解讀法的讀牌順序：

先看第一張頭腦，就某一特定的主題，你抱持著什麼樣的觀點或態度，先在這一張牌上取得一個基礎，好讓你更容易解讀後面的牌。然後再前進到第二張牌，看忠告的位置給第一張牌什麼樣的建議或它顯示出什麼更深層的真相，是你需要去看的，然後再前進到第三張牌結果。有時第一張牌需蛻變到第三張牌，而第二張牌是這個蛻變需要了解的。

當你在解讀三張牌時，記得這三張牌它們彼此間交互影響並形成一幅圖畫。它就如同你在看一個空間，而這個空間是由天花板、地板、牆壁所創造出來的空間。你必需以一個整體來看它們。

讀牌的訣竅

步驟一：當你將這三張牌視為一幅連環畫時，你的感覺如何？你的第一個印象是什麼？有哪張牌特別吸引你的注意？主牌很多嗎？有沒有哪一組副牌特別多？有很多難題牌嗎？只要注意，不要分析。

步驟二：這三張牌彼此之間都有相關性，每一張牌都會說到其他兩張牌的某些東西。這三張牌加在一起可以給你一個完整的訊息。所以，你要去串連和交織它們。

步驟三：第一張牌是你的現狀，第二張是你需要了解的，第三張是你要處在什麼樣的狀態或做什麼。

步驟四：當你看這三張牌，是否能直覺地把它們串連成一句有意義的話語。

（實際的操作方法請參閱真實案例解說）

三、四張牌關係解讀法

　　人是群居的動物，富社交性，而兩性關係的議題更常被我們所矚目。

　　這是一個關係的排列法，透過這個排列法，讓我們了解彼此在關係中的狀態，而關係也是最讓我們失去客觀性的地方，透過它可以協助我們去除主觀的偏見，而能夠以客觀的角度重新來檢視事實。

（一）四張牌關係解讀法有四個位置，它們分別是：頭腦、忠告、結果、關係人。這些位置將相應於隨著問題所抽出的牌來解讀。適合關係問題的解讀法。

（二）四張牌關係解讀法四個位置所代表的意義：

1.　**頭腦**：你目前處在什麼樣的狀態中，同時考慮到關係人。你認為你跟這個人在一起時，你處在什麼狀態。是歡樂的還是想要控制的？是期待的還是失望的？對關係人抱持著什麼樣的看法，是有情緒的還是想放棄的？是否感到受苦。在關係中，你自己的感受及對關係人的看法將在這個位置上反應出來。

2.　**忠告**：在目前的關係中，你需要看到或覺知到的。但它也有可能是給第一張牌的註解，反應出你沒有看到的事實真相。

3.　**結果**：接受忠告或做了忠告所給出的建議的結果；或看清楚真相後，所需採取的行動。

4. **關係人**：關係人與你互動中所表現出的情感、思緒、狀態等。也就是說，跟你在一起的這個人處在什麼樣的狀態？在這裡要特別強調，用塔羅牌來窺探別人的狀態是不適當的，去解釋別人深層的動機也可能有危險，所以當你在解讀這個位子的牌時，你必須從這樣的觀點來看：關於他們跟你的關係你需要了解什麼？以這樣的方式來看的話，它能夠給你非常有價值的客觀性。

（三）四張牌關係解讀法的排列法

頭腦	忠告	結果	關係人
第一張	第二張	第三張	第四張

（四）四張牌關係解讀法的讀牌順序：

　　前面三張牌是給抽牌者的牌。先來看頭腦的牌，在關係上，抽牌者有什麼想法或感受反應在這個位置上。先在這張牌上取得一個基礎，然後再前進到第二及第三張牌，看忠告和結果給出什麼訊息。第四張是關係人的牌，它是關係人在關係中的狀態，它獨立於前面三張抽牌者的牌，故不應和前面三張牌視為一個整體。關係人這個位置的牌給出了一個基礎及客觀性的訊息，讓你可以使用它所顯示出來的訊息來協調及溝通，把它視為一個在關係上的指引或幫助是好的。

四、複合牌陣解讀法

當案主一次提出多個問題，想抽牌了解，你可根據問題的輕重緩急來決定先後順序，以不同的牌陣來釐清問題。你要相信整組牌夠你用，所以不需把之前已抽出的牌收回，這樣做可以讓你對照它們之間的相關性。

你要熟悉前面三種解讀法之後，才使用它，否則它會造成你讀牌的混亂。

讀牌的訣竅

如果是同一個問題，我會使用十三張牌再加三張牌或四張牌。

步驟一：先解讀十三張牌，了解整組牌的訊息跟方向。

步驟二：再解第二組牌，看它補充什麼訊息或者它跟第一組牌訊息一樣，只是用不同的方式說。

如果提問不同問題，排列出所有的牌，以訊息的優劣做取捨。

（實際的操作方法請參閱真實案例解說）

第五部分　真實案例解說

一、案例解說指引

　　為了讓讀者了解案例解說的整體架構，因此，以下將列出每一種牌陣的案例解說架構及細節說明，以利讀者能掌握整體並進而了解每一種牌陣所能給出的整體訊息。

三張和四張牌的案例解說架構及說明：

一、案例：案主的背景介紹及目前案主想要來看的問題。

二、問題：案主所提問的問題。

三、隨問題所抽出的牌：將以圖文並列的方式，以利讀者一方面可以看著提示的引導及解說，一方面可以看著牌與牌它們之間的關聯性，讓讀者在讀牌時能掌握到整體感。如果你有牌，把它們排出來，讓牌的顏色與圖象說話。

四、提示：將引導讀者去看這些隨著案主的問題所抽出的牌之中，有哪些值得特別注意的部份，它比較像是一個建築物的主要架構、像人體的骨幹。當你在解讀時，先掌握到核心的訊息是好的，因為如此一來，你就大略知道了這一組牌所要給出的訊息。它幫助你在進入細節前，就能掌握到它的方向。

五、牌陣、牌義及解說：列出案主所抽出的每一張牌及該牌的
　　牌義和該牌在案例中的解說。

　　例如：

　　第一張牌　頭腦　創造力 — 溝通或作為：她想要溝通或積極的作為……
　　　　　　　（一）　　（二）　　（三）　　　　　　（四）

（一）牌陣裡每個位置所代表的意義。

（二）案主所抽出的牌。

（三）該牌的牌義（附錄一將列出七十九張牌的牌義）。

（四）該牌在整組牌中的解釋。有時因受整組牌的影響，
　　　　該牌的解釋有時會與牌義有些不同，但不失其牌義
　　　　本質。

六、總結：案例的整體總結。

七、補充說明：這個部份是作者對相關議題的見解，非讀牌時
　　必須說明的。

十三張目前生活解讀法的案例解說架構及說明：

一、案例：案主的背景介紹及目前案主想要來看的問題。

二、問題：案主所提問的問題。

三、隨問題所抽出的牌：將以圖文並列的方式，以利讀者一方
　　面可以看著提示的引導及解說，一方面可以看著牌與牌它
　　們之間的關聯性，讓讀者在讀牌時能掌握到整體感。如果
　　你有牌，把它們排出來，讓牌的顏色與圖象說話。

四、提示：將引導讀者去看這些隨著案主的問題所抽出的牌之中，有哪些值得特別注意的部份，它比較像是一個建築物的主要架構、像人體的骨幹。當你在解讀時，先掌握到核心的訊息是好的，因為如此一來，你就大略知道了這一組牌所要給出的訊息。它幫助你在進入細節前，就能掌握到它的方向。

五、牌陣、牌義及解說：列出案主所抽出的每一張牌及該牌的牌義和該牌在案例中的解說。

例如：

第一張牌　頭腦　再生 — 更高的觀點：她想要以更高的觀點……
　　　　（一）　（二）　（三）　　　　（四）

（一）牌陣裡每個位置所代表的意義。

（二）案主所抽出的牌。

（三）該牌的牌義（附錄一將列出七十九張牌的牌義）。

（四）該牌在整組牌中的解釋。有時因受整組牌的影響，該牌的解釋有時會與牌義有些不同，但不失其牌義本質。

六、三個層面的結論：十三張牌中共分四個層面的解讀，及隨著解讀後，將分別有三個層面的結論。

複合牌陣解讀法的案例解說架構及說明：

此解讀法與前三、四張牌及十三張牌解說架構及說明相同。

十七個真實案例解説

二、三張牌讀法

　　案例一：案主是課堂的學員，他想來看，關於2019年12月全球爆發新冠肺炎，我們應有什麼了解？

　　這個問題所抽出的牌：1.四海一家2.治療3.覺知

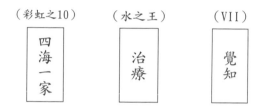

（彩虹之10）　　（水之王）　　　（VII）

四海一家　　　治療　　　　覺知

第一張頭腦　　第二張忠告　　第三張結果

第一張牌頭腦，四海一家 —— 一體性、全球：新冠疫情是全球性的問題，地球上每一個人都深受影響。

第二張牌忠告，治療 —— 受傷、治療：要解決問題就要了解問題的根源在哪裡？就像醫生治病一樣，想把病治好就要找出病根。人心是天災的根源，關於新冠疫情，治療要從心治，現在，人太無知，對動物太殘忍，據說新冠病毒來自蝙蝠，是動物界對人類殘忍行為的反撲。佛陀說，「若要世間無刀兵劫，除非眾生不食肉」，要少吃肉，既使要吃肉，也要心存感恩，要關心動物是否有被善待，有些動物一生被虐待、剝削，直到被殺，你說牠怎能甘心，於是這股怨氣就透過呼吸及皮膚將荷

爾蒙等化學物質散發於空氣中，而漸漸形成自然災害。所以佛說，風災是眾生愚癡形成的、水災是貪心形成的、火災是瞋恚形成的、地震是傲慢與不平形成的、山崩地陷是眾生對聖教懷疑形成的。

第三張牌結果，覺知 ── 警覺：老子說：「天地與我同根，萬物與我一體」，你如何對待動物，動物就如何對待你，所以善待動物就是善待自己，這是新冠肺炎帶給我們需要覺知的事。你如何對待萬物，萬物就如何對待你，這一件事被日本江本勝博士以水實驗證實了。

　　另有一傳說，新冠病毒來自實驗室的人工合成病毒，不論它來自哪裡，皆由人心不善所感召。目前我們發展科技，追逐慾望，而把倫理道德拋諸腦後。但古人說：「正德、利用、厚生」，先把道德擺前面，才能發展科技。科技如果不能在倫理與道德的規範下發展，科技將帶給人類災難。但現在我們的教育重科技，輕人文，讓問題更雪上加霜，所以要解決問題，還是要回歸教育，尤其是因果教育。

總結：目前全球都受新冠肺炎的影響，沒有任何一個人能置身事外（四海一家），任何的天災人禍都是人心不善感召來的，所以治療要從心治，而教育是扭轉人心最好的辦法，尤其是因果教育（治療），新冠肺炎讓我們警覺天地萬物跟我們是一體的，我們如何對待萬物，萬物就如何對待我們，我們追求物慾而破壞自然生態，感來氣候異常；殘忍的對待動物，感來病毒的反撲，出乎爾者，反乎爾者是不變的真理，這是我們要警覺的（覺知）。

案例二：案主是一位公務員，想投資不動產。

我們以這樣來提問：對投資不動產應該有什麼樣的認識？

這個問題所抽出的牌：1.筋疲力竭2.心智圓熟3.單獨

（火之9）　（彩虹之么）　（IX）

第一張頭腦　第二張忠告　第三張結果

第一張牌頭腦，筋疲力竭 ── 能量耗盡了：關於要不要投資不動產，你感到心煩和無力。

第二張牌忠告，心智圓熟 ── 智慧：古人說：賺錢靠福報，花錢靠智慧，你要有智慧的來衡量。

第三張牌結果，單獨 ── 反省：你要往內去找尋你自己的答案，你如果在外面找，你一定找不到。投資不動產是為什麼？它對你的意義是什麼呢？你真正想要什麼？往內在去找答案。人生有帶得走的東西，也有帶不走的東西。

總結：你一想到要不要投資不動產就感到精疲力竭（精疲力竭）。賺錢要靠福報，花錢要靠智慧（心智圓熟），你要往內去找到你自己的答案（單獨）。

補充說明：如果置產是為了後代子孫，那麼，林則徐說：「子孫若如我，留錢做什麼，賢而多財，則損其志。子孫不如我，留錢做什麼，愚而多財，益增其過」。所以留給子孫最好的資產是培陰德，因為陰德天報之。

　　案例三：案主在公司已服務多年，主管希望她晉升，但她不知道自己是否能勝任。我們抽兩組牌來看。第一組關於晉升；第二組是不晉升。

　　第一個提問：關於晉升，我應該有什麼樣的了解？

　　這個問題所抽出的牌：1.頭腦2.愛人3.憂傷

（雲之小兵）　　　（VI）　　　（雲之9）

頭腦　　　愛人　　　憂傷

第一張頭腦　第二張忠告　第三張結果

第一張牌頭腦，頭腦 — 烏煙瘴氣的頭腦，她還沒有晉升，就開始設想問題而煩惱。

第二張牌忠告：愛人 — 在關係中學習。晉升之後，她要面臨對上的關係、對下的關係和跟她自己的關係。有比較多關係的議題是她晉升之後要學習和面對的。

第三張牌結果：憂傷 — 憂傷：關係的課題對她而言或許不是一件容易的事，所以勢必會帶來憂傷。但進入憂傷，也是進入自己深處的門，也是開啟其他道路的門。

補充說明：關係是我們內在的一面鏡子，她要把覺知帶到她跟別人的連結裡。對於只是因為覺得比較安全或比較舒適而避開關係，或是不敢表現出真實面的任何傾向，都要很覺知。

第二個提問：關於不晉升，我應該有什麼了解？

這個問題所抽出的牌：1.參與2.比較3.寧靜

（火之4）　　（雲之5）　　（XVII）

參與　　　　比較　　　　寧靜

第一張頭腦　第二張忠告　第三張結果

第一張牌頭腦，參與 ─ 投入：她想著要加入，想要接受升遷。從這兩組牌，我們看出關於晉升，她處在搖擺不定之中。

第二張牌忠告，比較 ─ 比較：接受晉升的動機，來自比較（因為同期都已升遷，而自己還留在原處）。

第三張結果，寧靜 ─ 不受打擾的：自己的人生，應由自己決定，而不是由別人決定。（比較並不能帶給她什麼，唯有帶來一堆煩惱）。目前需要給自己時間，靜下來，想想自己要什麼？工作除了領一份薪水，她還希望獲得什麼？無論如何選擇，事情沒有絕對的好，也沒有絕對的壞，要如何選擇呢？

如果遇到人生比較重要的抉擇，我的方式是，問自己，這件事，我臨終時會不會後悔。

案主又提問：但我會想知道我如果晉升，我的能力夠不夠？能不能負荷？會不會順利？到底適不適合晉升？如果晉升之後只有累，那我就不想了。

那要看你對工作有沒有願景，有願景，你就有能力克服困難；沒有願景，你遇到問題，不但沒有能力穿越，可能還會有很多抱怨。事情一定是邊做邊學，沒有人等到自己有能力做妻子及媳婦才結婚的，一定是有願景才願意投入。有沒有能力不是最重要的，最重要的是你對這個工作是否有願景？有願景你就有能力。

　　案例四：案主是課堂上的學員，從事保險業務工作，為了感激客戶的支持，常幫客戶做非本業務內的服務而延伸出很多誤解而煩惱，他想來看，為什麼常會遇到這些問題。

　　我們以這樣來提問：關於幫客戶做非本業務內的服務而常遭誤解，我應有什麼樣的了解？

　　這個問題所抽出的牌：1.慢下來2.信任3.雷電

（彩虹之騎士）　　（水之騎士）　　（XVI）

慢下來　　信任　　雷電

第一張頭腦　第二張忠告　第三張結果

第一張牌頭腦，慢下來 — 慢下來：目前他想要慢下來，好讓他能夠釐清為什麼會發生這些問題。

第二張牌忠告，信任 — 信任：如果他能夠信任，只要在他的業務內做好服務，不用額外做什麼，他也能夠得到業績。如果有這樣的信任，他就能夠放掉以舊有模式來經營客戶的方式。或信任因果法則，在他的業務內，循理而行，也會達到他的目的。

第三張牌結果，雷電 ── 清理舊有模式：如果他能做到第二張牌的忠告，他就可以放掉以舊有模式來經營業務的方式。他以提供專業服務來獲得報酬，不需覺得有虧欠而做什麼補償。中國人一向厚道，常存受人點滴必湧泉以報，這是很好的態度。但是如果有自己不配得的心裡，就會衍生很多扭曲的認知和作為，這是他要往內去覺察自己的信念。

總結：他想要慢下來，了解為什麼會發生這樣的事（慢下來），如果他信任對待客戶只要以真誠心提供專業的服務就能拿到業績（信任），他就能停止那些不必要的作為（雷電）。

　　案例五：案主提問，當事情不順我意，我就會有一股怒氣或當我的表現沒有得到別人的肯定和讚美，我也會有一股怒氣。我應如何面對這種習氣。

　　我們以這樣來提問：當事情不順我意或表現沒有獲得別人肯定時，我就會有一股怒氣，關於這股怒氣，我應有何了解？

　　這個問題所抽出的牌：1.突破2.天真3.整合

第一張頭腦　第二張忠告　第三張結果

第一張牌頭腦，突破 ── 打破限制：她想破除這種習氣。

第二張牌忠告，天真 ── 遊戲的心情：不要把事情看得太嚴肅，而且事情也不可能樣樣順你意。以獲得別人的肯定來證明自己的價值也會喪失你的獨立與個體性，你會迷失在別人的讚美裡而失去你自己的界線，它會衍生諸多問題並帶來痛苦。或許你不擅長把遊戲的心情帶進你的生活裡，但成長是你允許把多少歡樂帶進生命裡才發生的。

第三張牌結果，整合 ── 改變、消化吸收：當事情不順利，你也可以用慶祝的心情來面對。痛苦來自你的選擇；而喜樂來自你的不選擇。對生命說「是的」。把天真、遊戲的心情帶進你的生活裡。

總結：她想要破除容易生氣的習氣（突破），存在鼓勵她，不要把事情看的太嚴肅，即使處在逆境裡，也可以帶著遊戲的心情來慶祝（天真），目前她需要把天真的品質整合到她的生活裡（整合）。

　　案例六：案主是課程學員，工作認真負責且常常承擔過多的責任而導致身體出狀況。她想要來看如何可以放鬆自己。

　　我們以這樣來提問：我要如何放鬆自己？

　　這個問題所抽出的牌：1.憂傷2.旅行3.罪惡感

（雲之9）　　（火之8）　　（雲之8）

憂傷　　　旅行　　　罪惡感

第一張頭腦　第二張忠告　第三張結果

第一張牌頭腦，憂傷 ── 憂傷：當她面對這個主題時，她感覺到自己是憂傷的。

第二張牌忠告，旅行 ── 過程就是目標：如果她可以一步一步地走，不須要催促趕路，不須要鞭策自己達到目的地來獲得肯定與價值，或許她就可以放鬆下來。學習處在當下就是目標，學習放鬆就在這個當下。放鬆在這個當下的滿足感，比催促自己去達成什麼來獲得肯定對自己更是一個獎賞。

第三張牌結果，罪惡感 ── 罪惡感：犯錯而責備自己、指責別人也指責自己。要求完美的人容易指責自己；承擔過多責任的人，容易指責自己並指責別人。當她犯錯、當她不催促自己去

達成目標、當她沒有承擔她覺得應該承擔的責任時，她就會有罪惡感，然後這一股罪惡感就會推動她去做什麼。如果沒有覺知，她就會進入舊有的模式而受苦；但當她有覺知，就能打破這個模式。

總結：她因無法放鬆而感到悲傷（憂傷），不須趕路，不須鞭策自己去達到目的地來獲得肯定與獎賞，每一步路都是目標，安住在每一步路上，處在當下的滿足感，就是她最大的獎賞（旅行）。當有罪惡感升起，警覺這股罪惡感會把她推向哪裡？當她是有警覺的，就能打破舊有的模式（罪惡感）。負責任是一個很好的品質，但承擔過多責任不但可能會壓垮自己，也剝奪了別人承擔屬於他自己的責任。過猶不及，都不好。

三、四張牌解讀法

　　案例一：案主長期與母親不合，她想來看，與母親的關係應有何了解？

　　這個問題所抽出的四張牌：1.局外人2.比較3.政治手腕4.耐心

（彩虹之5）　（雲之5）　（雲之7）　（彩虹之7）

局外人　　比較　　政治手腕　　耐心

第一張頭腦　第二張忠告　第三張結果　第四張關係人

提示：
案主三張牌都是負向的牌，關係人的牌是正向的，顯示案主在關係中情緒不佳。

第一張牌頭腦，局外人 ── 困難的：案主覺得與母親的關係有一道困難的牆無法穿越。

第二張牌忠告，比較 ── 比較：案主拿比較來看待自己的母親，覺得別人的母親如何，自己的母親又如何，有比較我們就失去了清晰和客觀。

第三張牌結果，政治手腕 ── 多變的頭腦、胡思亂想：比較跟胡思亂想是案主無法穿越關係的一道牆。後來在詢問下，才知案主是被收養的，她下面有兩位妹妹，她總覺得母親比較疼親生的妹妹勝於她。

第四張牌關係人，耐心 ── 耐心：母親對她是有耐心的，包容的。

總結：她覺得與母親的關係是困難的（局外人），這個困難是自己比較來的，事實真相或許並非如此（比較），習慣上，我們會依據自己的信念，選擇性的「看」，我們會接收跟自己信念相同的訊息而忽略跟自己信念不同的訊息，以此來肯定自己的信念，然後以此信念胡思亂想（政治手腕）。在這種情況下，案主很難看清楚事實真相。母親對案主的態度是耐心等待和包容（耐心）。

補充說明：台語有一句話，「養的勝過生的」，養育的功勞勝過生育的功勞。在動物界裡，人類小孩比其他動物需依賴母親才能存活，例如你出生後幾小時就要吃奶、換尿布；走路時，怕你跌倒受傷；牙牙學語時，就教你如何說話認字，你成長中大大小小的事都需依賴母親，有一部經叫「父母恩重難報經」，說明了父母的養育之恩如何難報。如果你覺得父母對你不好，那麼你要反思，你又為父母做過什麼？比其養育之恩，我們能為父母做的事，實在太少了。

　　案例二：案主是課程的學員，父母都已往生，目前跟妹妹住，但妹妹不好相處，想來看，跟妹妹分開住應有什麼了解？

　　這個問題所抽出的牌：1.分享2.新的洞見3.再生4.愛人。

（火之后）　（XII）　（雲之10）　（VI）

分享　　新的洞見　　再生　　愛人

第一張頭腦　第二張忠告　第三張結果　第四張關係人

第一張牌頭腦，分享 — 分享、給與：案主在生活上，經濟上，很熱於分享，因自己是公務員，收入穩定，但當妹妹把她的付出視為當然，案主也會感到不舒服的。

第二張牌忠告，新的洞見 —— 在痛苦中成長：我們的能力跟智慧都是從逆境中磨練出來的，你可以選擇接受挑戰，也可以選擇逃離，但生命會一再給出同樣的問題，直到你學會為止。

第三張牌結果，再生 —— 更高的觀點：人與人之間如果沒有四種關係就不會聚集在一起，報恩、報怨、討債、還債。這些關係在家庭裡看得特別清楚。佛在「大寶積經」入胎藏會中，說明你是如何尋找父母來投胎的，你跟兄弟姊妹的關係亦復如是。人來到世間，有兩種人，一種是來做事的；另一種是來酬業的。逆境是消業障的，順境是消福報的，但你都能在順逆境中提升自己的靈性，順境中學習不貪；逆境中學習不瞋，如此你就能夠透過這個磨難提升自己。這是案主可以以更高的觀點來看這件事。世間事沒有絕對的好與壞，因為萬事都互相效力。

第四張牌關係人，愛人 —— 在關係中學習：案主的妹妹也是透過這關係來學習關係裡的事。

總結：案主很樂意分享她所擁有的，但妹妹在言語及態度上讓她想分開來住（分享），世上沒有任何一件事是偶然發生的，每一件事都有前因後果，如果她相信因果，那麼世上根本沒有誰吃虧，誰佔便宜的事。而且一個人的智慧與能力都從磨難中來的（新的洞見）。雖然父母已離世，但仍要像父母在世時，安父母的心。如弟子規云：「事死者、如事生」、「兄弟睦、孝在中」，兄弟姐妹間的和睦，能安父母的心，這是案主要以更高的觀點來看待這件事（再生）。妹妹也在關係中學習關係的事（愛人）。

　　案例三：案主是公司的小主管與另一單位小主管發生摩擦而被言語霸凌，雖然對方事後有道歉，但案主想問，如果以後再發生同樣事情是該忍下還是勇敢拒絕霸凌。

　　我們以這樣來提問：關於我跟她之間的衝突，我應如何面對？

　　這個問題所抽出的牌：1.政治手腕2.可能性3.慢下來4.頭腦。

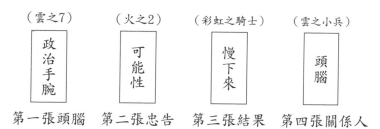

（雲之7）　（火之2）　（彩虹之騎士）　（雲之小兵）

政治手腕	可能性	慢下來	頭腦
第一張頭腦	第二張忠告	第三張結果	第四張關係人

第一張牌頭腦，政治手腕 ── 多變的頭腦：她想要這樣做，也想要那樣做，所以她尚未決定要採取哪一種方式。

第二張牌忠告，可能性 ── 可能會發生的：關於這個衝突，她除了忍受或勇敢拒絕之外，還有其它的可能性是她可以選擇的。

第三張牌結果，慢下來 ── 慢下來：慢下來，因為目前有些情況她並不清晰。先平復自己的情緒後，再看清楚狀況，決定要採取什麼方法。

第四張牌關係人，頭腦 — 烏煙瘴氣的頭腦，她被一堆煩惱所圍繞，自然心情不好、言語不敬、態度不佳，如果她煩惱來，你又煩惱去，彼此就陷在泥沼裡。看到她的牌，就知道她的狀況並不好，如果能同理她的狀況，你內在就多一點空間，不被情緒攪擾，然後你才能用理性去處理你們的衝突。慢下來，先處理情緒，你才有理性去處理問題。

總結：她思來想去，但還沒有決定要怎麼做（政治手腕），對同事的霸凌除了忍受和抗拒之外，還有其他解決的辦法（可能性），所以，先慢下來，了解同事行為背後的原因之後，再採取行動（慢下來）。

　　之後案主又再次提問：我真的必須以和為貴嗎？我真的不想輕易饒過她。

　　對同事的無禮，也不是一昧的忍讓，你可以透過她信任的第三者去規勸她。其實我們日常的言語行為，點點滴滴都在為自己造福免難。你看社會上，為何有些人會在災難中死去，為何有些人能避掉這些災難，原因在「有德」。所以，利益別人，就是在利益自己，原諒別人，就是在放過自己。你能站在她的立場為她著想，她的祖先會對你感恩戴德，會在冥冥中保佑你；如果你不想輕易饒她，想辦法報復她，你也是在折磨自己。兩相權衡，你覺得哪一個比較好呢？

四、十三張牌目前生活解讀法

　　案例一：案主是學員的朋友，想了解是否還能跟前男友聯繫？

　　我們以這樣來提問：關於與前男友聯繫，應有何了解？

　　這個問題所抽出的牌：

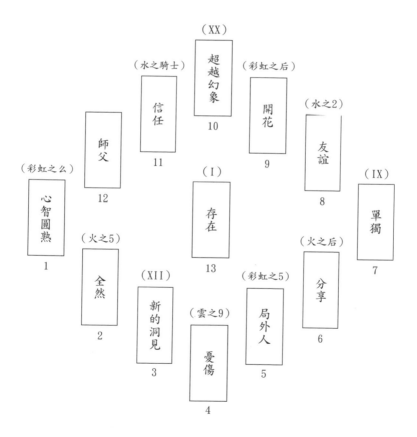

提示：

這個提問是有關於關係，所以在這組牌中，友誼這張牌就很凸顯，因它是關係牌，而且出現在忠告的位置，這給我們第一印象就是愛、自由與空間，是她在這個關係中要學習的。超越幻象（超越幻象）信任（信任），只看真的，不去看假的，要怎麼做呢？必須有信任才願意跟隨師父（師父）的教誨走。在第三層面，代表性能力的位置上，有一張困難牌（局外人）。

第一層面

十三號牌綜觀，存在 ─「在」：她正在學習，在關係中如何真實的存在。

第二層面

一號牌看法，心智圓熟 ─ 理性：她想要以理性的態度來看她的關係。

九號牌頭腦，開花 ─ 分享：想要分享她的情感。

八號牌新的觀點，友誼 ─ 自由、給予空間的愛：要對你自己跟這份關係友善。在關係中學習愛和分享，並給予雙方空間，而不是使用控制和佔有。

第三層面

五號牌性能量，局外人 ─ 困難的：在跟異性的連結上有困難。我們看到八號的忠告牌，知道她的困難來自沒有給雙方空間與自由，也就是說她緊抓某些令自己受苦的觀點。

七號牌主要關係，單獨 ─ 單獨、走自己的路：在關係中，她傾向單獨，把時間和空間留給自己，也就是說，她在關係的模式中比較不熱情。人有時候是矛盾的，既想要單獨，又想要進入關係，而在這兩者中搖擺不定。

四號牌內在的自己，憂傷 — 憂傷：她處於憂傷中。

六號牌身體，分享 — 分享、給予：身體的能量是活躍的，並願意付出與分享。

三號牌工作，新的洞見 — 在困難中學習成長：在工作上曾經經歷辛苦的學習而有新的洞見。

二號牌溝通，全然 — 專注：在溝通上，她有很多的能量，讓她能專注在她要表達的議題上。

第四層面

這三張牌可以和八號牌一起合起來看。

十號牌高峰經驗，超越幻象 — 只看真的，不去看假的：關係是最深層攪動我們內在的安全和脆弱，我們傾向以控制和佔有來保護關係。目前她要學習以友善的態度並給予雙方空間與自由。我們抓的越緊就失去越多，放開來，反而可以讓更豐富，更真實的情感流經我們（超越幻象）。

十一號牌心靈訊息，信任 — 信任：當我們越信任，就越能放掉控制，關係才能朝向有自由和空間的愛（友誼）。

十二號牌靜心，師父 — 依教奉行：目前對她最困難但也最重要的事，就是聽師父的話依教奉行。建議案主閱讀奧修師父的書，「愛、自由與單獨」和「親密」這兩本書都是在談兩性關係。或許能幫助她在信任中放掉控制。

因為十三張牌只能看到自己，不能看到對方，所以我們加抽四張關係牌來看對方的狀況。

　　案主所抽的牌：1.強烈 2.正在經驗 3.突破 4.一個片刻接著一個片刻。

第一張頭腦　第二張忠告　第三張結果　第四張關係人

一號牌頭腦，強烈 — 在一個焦點上。透過十三張牌我們知道這是她的執著點。

二號牌忠告，正在經驗 — 放下舊有的認知重新體驗。

三號牌結果，突破 — 突破限制。

四號牌關係人，一個片刻接著一個片刻 — 活在當下：對方跟案主相處的時候，很活在當下，很做他自己。

　　案主又問可以跟他聯絡嗎？

　　你可以跟他聯絡，但首先要做的事，是調整自己關係的模式，如果你跟他聯絡，又恢復交往，你的模式如果沒有改變的話，還是會落入舊有的循環裡。

補充説明：在忠告牌，超越幻象（去看那個真的，不去看那個假的）。何謂真假，外貌、財富、地位是假的；品德、孝行是真的。孝經云：「夫孝，德之本也」。孝是一切德行的根本，而且有德一定有財，有財沒有德，財會守不住。孝順的人，會對父母好，自然就不會對另一半太壞。還有，要觀察一個人，要從生活細節中去觀察，可以到他家裡去看，他對父母老人是否孝敬、對兄弟姐妹是否兄友弟恭、對朋友是否守信；還有在

生活環境中，房間是否「置冠服、有定位」，「几案潔，筆硯正」，生活有條理就不會是懶散昏惰之人，還有彼此對人生家庭的經營理念是否相差太大，給對方空間與自由，能讓他呈現真實的自己，你才能知道彼此是否適合。婚前謹慎，婚後就能少受一點苦。

案例二：案主是課程學員，她想了解她今世為何而來？今世的課題是什麼？

我們以這樣來提問：我今世的課題是什麼？

案主所抽的牌：

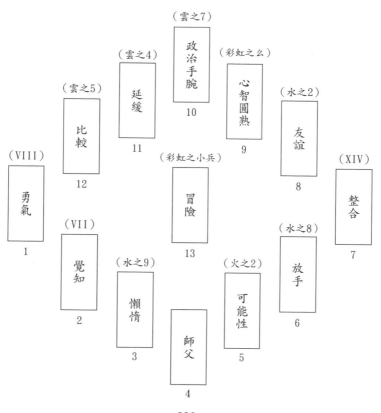

提示：

一張冒險的牌，表示想要改變現況，八號牌忠告，是友誼關係的議題，下方關係牌有可能性和整合，說明在她的關係議題上她有跨出一小步，但上方三張忠告牌，都是搖擺不定的頭腦牌，表示她還處在猶豫之中。

第一層面

十三號牌綜觀，冒險 ── 改變：目前她的成長來到想要有更多自由與空間，所以她會想要改變。

第二層面

一號牌看法，勇氣 ── 努力：她覺得她需要有勇氣去做改變。

九號牌頭腦，心智圓熟 ── 理智：她在想著如何用她內在的自信與智慧來改變。

八號牌新的觀點，友誼 ── 在關係中友善：有關係的議題是她要學習的。在關係中，對自己及別人友善並給予雙方空間。

第三層面

第四號牌內在的自己，師父 ── 依教奉行：我們可以猜測，她已有一段時間聽師父的教誨而引發她想改變的動機。

六號牌身體，放手 ── 放掉執著：目前身體的能量因放下執著而變得輕盈。

五號牌性能量，可能性 ── 可能性：在關係的改變上，有一個可能性會發生。雖然我們看到七號牌有整合在發生，但三張忠告牌告訴我們，她仍然處在搖擺不定之中。

七號牌主要關係，整合 — 整合：她跟身邊重要的人的連結方式正在經歷一個過程，也許有一些重要的改變正在發生而她還在整合。

三號牌工作，懶惰 — 懶惰：在工作上，她感到疲累，想休息。

二號牌溝通，覺知 — 清楚的：她跟別人溝通的方式是清楚、客觀的。

第四層面

十號牌高峰經驗，政治手腕 — 多變的：在關係中，她想做改變，但又搖擺不定。

十一號牌心靈訊息，延緩 — 延緩：她知道她需要改變，但依然在延緩中。

十二號牌靜心，比較 — 比較：她害怕擔心當她做了真實的自己時，別人會不喜歡她。

總結：在關係裡做真實的自己，不真實並不能帶給她什麼，以不真實來維持關係和平的假象並不能帶給她健康的關係。真實的做自己，別人還是會喜歡她的。

案例三：案主是課程學員，抽十三張牌來練習解讀。

　　這個牌陣是可以不用提問問題就可以抽牌來看我們生活各個面向的狀態。雖然沒有提問，但牌仍然反映出案主的困擾問題並給予忠告和方向。如果你知道如何運用奧修禪塔羅，它真的是一個提升意識的好工具之一。

　　案主的背景：案主的哥哥長期欺壓他，但父母卻袒護哥哥而要他退讓。最後被逼離家在外租屋。
案主所抽的牌：

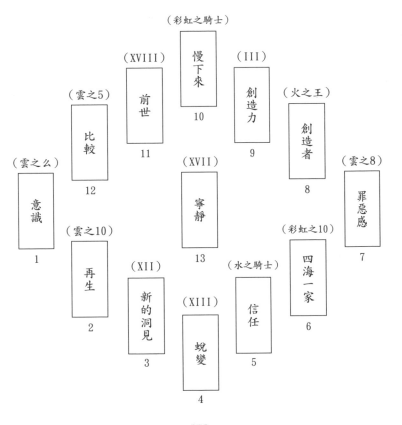

提示：

一張困難牌在主要關係的位置上（罪惡感），這是他想尋求寧靜的原因（寧靜），三張忠告牌指出了方向。

第一個層面

十三號牌綜觀，寧靜 — 寧靜：他想尋求寧靜，希望能處於寧靜之中。也就是說，他目前心情很受打擾。

第二個層面

一號牌看法，意識 — 清晰的：他對事情的看法是清晰的。

九號牌頭腦，創造力 — 作為與溝通：他在想著需要做些什麼或說些什麼。

八號牌新的觀點，創造者 — 創造性作為：把心、頭腦、身體加在一起運作，來得到很深的滿足感。這是給九號牌的忠告。

第三層面

七號牌主要關係，罪惡感 — 指責別人並指責自己：他跟他重要的關係人有衝突，並不斷的指責別人也指責自己，且在這個過程中感到罪惡感。

五號牌性能量，信任 — 信任：雖然有指責跟衝突，但在心靈的深處，他依然相信他的家人是愛他的。

六號牌身體，四海一家 — 同理、感同身受：當他能夠同理別人時，他身體的能量就能處在平和的狀態中。

四號牌內在自己，蛻變 — 改變：他內在有改變正在發生。

三號牌工作，新的洞見 — 在苦難中學習而來的新觀點：他在工作中有新的作為，那是他以前從受苦中學來的智慧。

二號牌溝通，再生 — 更高的觀點：在與別人的溝通上，他帶著更高的智慧了。

第四層面

十號牌高峰經驗，慢下來 — 慢下來：慢下來，不要急著去做評斷，因為有些事情他並不清晰。如果他認定事情是如何，並且一直處在指責中，他就無法獲得他想要的寧靜。

十一號牌心靈訊息，前世 — 來自前世的影響：家人之間若沒有四種緣份就不會聚合在一起，報怨、報恩、討債、還債。善緣是來消福報；惡緣是來消業障，不論善緣惡緣，當他能把它們統統轉為法緣，他就能少受一點苦了。

十二號牌靜心，比較 — 比較：放下誰對誰比較好，誰對誰比較不好的想法。既然家人之間的緣份是受前世業力的影響，那就隨順吧。如果落入比較，就會落入指責別人跟指責自己的罪惡感中；如果放下比較，他就能獲得他想要的寧靜。罪惡感與寧靜之間，就在他會不會「轉念」，就在他一念之間。

　　案例四：這是學員的案例。案主在大學時罹患憂鬱症，二十八歲時被診斷為思覺失調症（精神分裂）。他想知道如何看待他的疾病。

　　我們以這樣來提問：關於罹患思覺失調症，我應有何了解？

　　這個問題所抽出的牌：1.壓力2.友誼3.分享4.比較5.慢下來6.精神分裂7.妥協8.和諧9.局外人10.守財奴11.執著於過去12.心智圓熟13.內在的聲音。

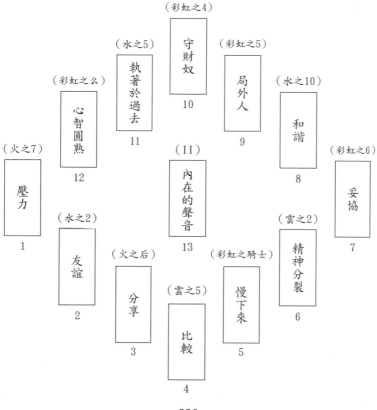

提示：
13號牌（內在的聲音）就凸顯出疾病可能的根源。身體的位置出現了（精神分裂）；（壓力）及（局外人）凸顯了他在生活適應上的困難。對他最重要的成長是如何運用智慧（心智圓熟）來面對他的疾病。

第一層面
十三號牌綜觀，內在的聲音 — 敏感：這張牌的牌義有：直覺、通靈、敏感。如果在這裡定義為敏感，疾病的癥結就朝向他的能量體太過鬆散、廣闊或他可能是從其他星球來投胎的，他的能量磁場與地球頻率不同調；如果定義為通靈，疾病的癥結就朝向他喜歡神通，而在某種情況下被冥界干擾或甚至被附體。或者是這兩者的綜合。

第二層面
一號牌一般看法，壓力 — 壓力：因上述問題，生活上對他就是一種壓力。

九號牌頭腦，局外人 — 困難：他在想著他的難題。

八號牌新的觀點，和諧 — 身心和諧：這個困難不會自己消失，他要調整身心在和諧的狀態。

結論：他的思覺失調可能來自兩個原因：一為能量體的問題；另一個為被外界干擾。因為精神上的混亂，他對生活感到壓力（壓力）與困難（局外人）。目前他需要找方法讓身心處於和諧之中（和諧）。

　　「能量醫療」的作者唐娜・伊頓，天生就能看見人類身上的能量體，她曾經有一位病患，因反應遲鈍被誤判為智能障礙，但他真正的原因是能量磁場與地球不同調，經調整後，不但解決了行動遲緩的問題，他特殊的心智能力還轉變成一位幾

何學的天才。目前台灣台北心能量管理中心許瑞云醫師是我所知唐娜・伊頓的學生之一。另外，如果病因是被附體，就要跟這個靈鬼協商，要做什麼功德迴向，他才願意離開，做功德迴向不一定要花錢。不是任何靈鬼都能附體，必須與案主有宿世的因緣，否則護法神也會干涉。

第三層面
六號牌身體，精神分裂 ― 混亂：身體的感知能力處於混亂中。
四號牌內在的自己，比較 ― 不同的：他感覺到自己跟別人是不同的。這可能是導致疾病的因素或生病後的結果。
七號牌主要關係，妥協 ― 妥協、接受：在關係中，他處在妥協跟接受的狀態。
五號牌性能量，慢下來 ― 遲緩：他內在的能量是遲緩的。

　　這個案主太可愛了，雖然他自身處於混亂與困難中，但下面兩張牌是極正向的。
二號牌溝通與連結，友誼 ― 友善：他跟人的連結不但友善還能感知別人的需求。
三號牌工作，分享 ― 分享、給予：在工作中，他樂於分享與給予。

結論：身體的（精神分裂）凸顯了他知覺的混亂，以至於他的能量是遲緩的（慢下來），他也知道自己跟別人是不同的（比較）。

第四層面
八號牌可以加入下面三張來獲得忠告。
如果他想恢復身心和諧（和諧），就要懂得保護自己（守財奴）。

十號牌高峰經驗，守財奴 ─ 保護自己：他要學習把過於鬆散的能量場拉回到健康的範圍裡，以及把鬆散的意識拉回到身體裡，學習處在身體裡就是處在當下，這個練習能把他從虛幻拉回到現實並把散亂的意識集中。學習處在身體裡的做法有：做家事、戶外活動、農田裡的耕種、園藝、瑜珈、各種身體的活動……等等，都是把意識拉回到身體裡的幫助。另外能量場的鬆散及意識的散亂也容易受到靈界的干擾，可念咒語保護自己或尋求宗教信仰來阻斷靈界的干擾並尋得心靈的依靠。

十一號牌心靈訊息，執著於過去 ─ 執著：大部分能量場過大的人，大都出於慈悲的動機，因為他們想要了解別人和照顧別人，因此他們的能量場就在不知不覺中擴展，如果他們下面的脈輪又根基不穩，就很容易脫離現實而進入虛幻，而讓自己進入危險的境地。就如同一棵樹，如果上面枝繁葉茂，但下面的樹根短淺，那麼這棵樹就很容易傾倒。所以他不可執著過去的模式和想法。

十二號牌靜心，心智圓熟 ─ 智慧：有慈悲，但沒有智慧，不但無法助人反而害己，唯有他健康，他才能夠幫助別人，所以他要有智慧的做取捨。

補充說明：

1、 塔羅牌幫助我們探究和釐清問題，了解我們潛意識的模式與疾病的關係，但不能代替醫療和診斷，若有任何疾病仍應就醫進行診斷及治療。

2、 神通能力是我們本有的，由清淨心開啟是最安全的方式。用其他方法去開啟都有危險。後經確認，案主曾幻想自己有超能力。

案例五：這是學員的案例。案主十五歲男性，早在他一歲多時，就被診斷為漸凍人。他想要了解他的疾病。

我們以這樣來提問：我要如何來看待我的疾病。

這個問題所抽出的牌：1.叛逆者2.制約3.延緩4.道德律5.順著流走6.覺知7.放手8.整合9.再生10.引導11.治療12.改變13.抗爭。

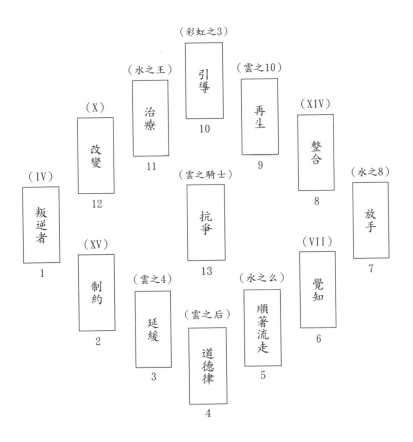

提示：

目前他處於備戰狀態（抗爭）中，內在有強烈的是非對錯判斷（道德律），或許它們是致病因子。這個疾病可能是來引導他（引導），改變（改變）他內在很深的執著點（治療）。

第一層面

十三號牌綜觀，抗爭 — 對立：他處在備戰狀態中。

第二層面

一號牌一般看法，叛逆者 — 獨立、以自己的方式走自己的路：他想要以一個獨立的個體做自己。

九號牌頭腦，再生 — 更高的觀點：他想要走出他的主觀，以更高的觀點來看待他的人生。

八號牌新的觀點，整合 — 調整：他的想法確實需要做調整。

結論：如果長期處在備戰的狀態，對身體健康是非常不利的。

第三層面

四號牌內在自己，道德律 — 內在法官、框架：他是一位很有道德規範的人，會要求自己要做個好人。

六號牌身體，覺知 — 明白的：他清楚自己身體的狀況。

二號牌溝通與連結，制約 — 限制：因疾病的影響，他的言語是受限的。或他壓抑自己的表達。

三號牌工作，延緩 — 延緩：因疾病的影響，他做事的方式是緩慢的。

五號牌性能量，順著流走 ── 隨順：目前他只能夠隨順這樣的發生。

七號牌主要關係，放手 ── 放手：在與家人的關係裡，他沒有執著。

結論：道德律是很好的品質，但如果太過嚴苛的要求自己，他會變得害怕做錯事，如果做錯事，他會感到羞愧和罪惡感，而為了避免落入羞愧和罪惡感，他會更加要求自己。如果這是他內在的模式，那麼第十三號牌的備戰狀態就是對他自己了。或許這個疾病是一個很好的引導（引導），引導他來看道德律和抗爭在他的生命裡發生了什麼？以及它們跟疾病又有什麼關聯？因為他是在一歲多就被診斷出漸凍人，所以我推測，這個模式是從前世帶來的。其實，我們都是從犯錯中學習，但犯錯不等於罪惡，只要能改過就好。

第四層面

十號牌高峰經驗，引導 ── 引導：有「因」一定有「果」、有「事」一定有「理」。這個疾病是引導他去看致病的心理模式。

十一號牌心靈訊息，治療 ── 坦露受傷的自己、拿掉虛假的自己：當他願意放下執著，傾聽真理，治療就發生了。不論是修行或品德教育，古人教我們：「教人以善毋過高，當使其可從；攻人之惡毋太嚴，要思其堪受」，就像琴上的弦一樣，太緊會斷掉；太鬆就彈不出正音。所以，放下奮鬥（抗爭）吧！因害怕自己不夠好而對自己嚴厲的行為都要很覺知，這樣他才能掙脫出舊有的模式。

十二號牌靜心，改變 ── 改變：目前對他而言最困難，但也最重要的事，是改變舊有的模式。如果他一直不願意改變，生命就會以嚴厲的方式強迫他改變，例如重大疾病。

補充説明：

1. 塔羅牌幫助我們探究和釐清問題，了解我們潛意識的模式與疾病的關係，但不能代替醫療和診斷，若有任何疾病仍應就醫進行診斷及治療。

2. 因案主在一歲多就被診斷為漸凍人，我懷疑這個疾病與前世有關，如果可以到美國找魏斯醫師做催眠治療，或許能找出病因。

五、複合牌陣解讀法

　　案例一：案主在法院工作，每天都被案件追著跑，即使假日也掛心工作而無法放鬆，且沒有時間留給家人。前陣子，又被上司指出工作上需要改進的地方而感到難過。她不知道目前是留在原職好，還是換工作。

　　我們先抽十三張牌來看如何排解工作壓力，再抽三張牌來看換工作，因為如果可以找到排解壓力的方法，就不用換工作。

　　提問：我要如何排解工作上的壓力？以及關於換工作，需要了解什麼？

第一個問題抽出：1.了解2.憂傷3.可能性4.轉入內在5.天真6.時機成熟7.源頭8.覺知9.局外人10.單獨11.師父12.友誼13.延緩。

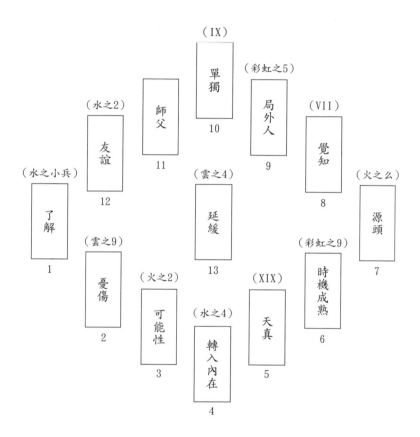

提示：

在工作上，她頭腦的想法都是負向、困難的（了解）、（局外人）以致於延緩（延緩）她在工作上可以提升效率的可能性（可能性）。但她內在有很多資源（天真）、（源頭）、（轉入內在），開啟資源的鑰匙在對自己和別人友善（友誼）。

第一層面

十三號牌綜觀，延緩 — 延緩：在工作上，她應該去做某些事，但一直延緩沒有去做。

第二層面（魚頭）

一號牌一般看法，了解 — 限制：她以限制和困難來看待她的工作和人生。

九號牌頭腦，局外人 — 困難的：她在想著工作上困難的事。

八號牌新的觀點，覺知 — 覺知：她需要覺知到每一個困難背後都有一個學習和成長的機會。我們從其他牌看到她工作上的困難跟人際關係和給自己空間有關（友誼）。

結論：從一和九號牌，我們知道她對工作的想法是困難和悲觀，所以才導致她延緩去做應該做的事。

第三層面（魚身）

二號牌連結與溝通，憂傷 — 憂傷：在跟人的溝通和連結上她感到受傷，這種感覺更加深1和9號牌的想法，於是（延緩）就更順理成章。

三號牌工作，可能性 — 可能性：目前在工作上有一個改變的可能性，但它尚未發生。

五號牌性能量，天真 — 遊戲的心情、不嚴肅：其實她的內在有遊戲和不嚴肅的品質。

七號牌主要關係，源頭 — 很強能量：她與人的連結是很有能量的。

四號牌內在自己，轉入內在 — 反省：她是一個內省的人。
六號牌身體，時機成熟 — 正是時候：任何來到身體的狀況，就是需要這樣。

結論：在這個層面的牌，只有一張負向的牌（憂傷）落在與人連結與溝通上，或許這也是她工作上感到困難和壓力的來源，而且一張（可能性）落在工作的位置上，顯示目前有可能改變工作上的難題，只要她不被1和9號牌負向想法所影響和13號牌所延緩。其他牌是她正向的資源，如何引發她正向的資源去幫助她突破第二層面的負面想法，我們看第四層面給出什麼忠告。

第四層面（魚尾）

十二號牌靜心，友誼 — 友善、自由與空間：這是一張關係牌，剛好對應2號溝通與連結並給（憂傷）忠告。她被告知，要對自己和別人及所發生的事友善。不去評斷自己和別人而獨自憂傷，倒是要以友善的態度試著與別人連結。我猜想四號的轉入內在，她不但是一個內省的人，也可能是一位內向、不擅與別人溝通與連結的人。

十號牌高峰經驗，單獨 — 反省、以自己的方式：給自己一些時間，從內在找到與別人連結的方法。當她往內，或許就能發現她有（天真）的品質，它能幫她打開（友誼）的門。

十一號牌心靈訊息，師父 — 對師父的教誨依教奉行：當有負面的思想來襲（了解）、（局外人）並讓她退回（延緩）時，去找尋師父的話語來支持並陪伴她前行。

總結：目前在工作上，她有應做而未做的事（延緩），因她所見所想都是難題（了解）、（局外人），但每一個難題的背後都隱藏著一個成長的禮物（覺知）。但她一直把焦點放在難題上而獨自憂傷（憂傷），因而抑制了（天真）、（源頭）等正能量。目前她需要花一些時間往內在找方法（單獨）並尋找師父的話語來支持自己往前行（師父），來面對她最大的難題 — 在人際關係中如何給自己自由與空間並對別人打開友善之門。

第二個問題：關於換工作，需要了解什麼？

這個問題抽出：1.投射2.新的洞見3.壓抑。

（水之7）　　　（XII）　　　（火之10）

投射　　　　新的洞見　　　壓抑

第一張頭腦　第二張忠告　第三張結果

第一張牌頭腦，投射 — 成見、你認為的：她覺得換工作就可以不必面對現在的難題或工作上的難題，這比較多是她自己投射出來的想法。

第二張牌忠告，新的洞見 — 在困難中成長：目前她需要透過這個困難來學習而不是透過換工作來逃避。所以，換工作不是解決這個問題的好辦法。

第三號牌結果，壓抑 ── 退回來：如果她的習性不改變，即使換工作，她還會一直遇到相同的問題，直到她學會為止。所以換工作不是好的選擇。

　　案例二：案主是一位助人工作者，富正義感，但常因敢於表達自己的觀點而與主管發生摩擦。他想了解換工作或者留在原職，兩者的利害得失，並想了解目前就讀博士班，是否對未來工作能相輔相成。

　　他總共抽了四組牌。
　　第一組，關於換職場應有什麼樣的了解？

　　他抽出，1.傻瓜2.信任3.頭腦。

第一張頭腦　第二張忠告　第三張結果

第一張牌頭腦，傻瓜 ── 自由與空間：他覺得換工作他會比較有自由與空間以自己的想法和方式來做事。
第二張牌忠告，信任 ── 信任、冒險：如果他想要追求自由與空間，就信任自己的感覺並冒險去嘗試。
第三張牌結果，頭腦 ── 無煙瘴氣的頭腦、懷疑：如果他有懷疑，他就無法信任。

總結：在工作上，他想要有更多的自由與空間，以自己的方式來做事（傻瓜），如果這是他想要的，就信任自己的感覺去冒險（信任），但是懷疑的頭腦是沒有辦法信任的（頭腦）。所以，換職場，目前對他而言是行不通的。

　　第二組，如果留在原職，我應該注意什麼？

　　他抽出，1.執著於過去2.四海一家3.政治手腕。

第一張頭腦　第二張忠告　第三張結果

第一張牌頭腦，執著於過去 ── 執著：在工作上他執著於某種觀點。從案主自己的敘述，他常因自己的擇善固執而與主管有摩擦。

第二張牌忠告，四海一家 ── 同理心：如果對他的主管多一些同理，那麼就能減少因觀點不同而產生的摩擦。畢竟我們都來自不同的家庭背景。

第三張牌結果，政治手腕 ── 多變的：如果對主管能多一點同理，那麼他處事就可以更圓融一些。

總結：在工作上，他執著於自己的觀點而常與主管發生摩擦（執著於過去），如果他對主管能多一點同理心（四海一家），他在言辭與態度上就能更圓融一些（政治手腕）。

第三組，讀博班對未來的工作是否有幫助？

他抽出，1.妥協2.存在3.引導。

（彩虹之6）　　（I）　　（彩虹之3）

妥協　　存在　　引導

第一張頭腦　第二張忠告　第三張結果

第一張牌頭腦，妥協 ── 接受：他覺得讀博班對未來的工作是有幫助的。

第二張牌忠告，存在 ── 「在」、源頭：人有善願，天必從之。如果我們念念為利益眾生，就會獲得有形與無形資源的幫助。或者當我們是「在」的，自然有內在的「知」引領我們。

第三張牌結果，引導 ── 指引、幫助：當他做了忠告的建議，自然會有幫助或引導來臨，引導他去走該走的路。

總結：他覺得就讀博班對他未來的工作發展是有幫助的（妥協），如果我們的動機是為利益眾生（存在），存在自然會引導我們去該去的地方並獲得協助（引導）。

第四組，抽十三張來獲得綜合的觀點。

他抽出：1.精疲力竭2.單獨3.蛻變4.覺知5.全然6.正在經驗7.道德律8.比較9.叛逆者10.旅行11.抗爭12.懶惰13.豐富

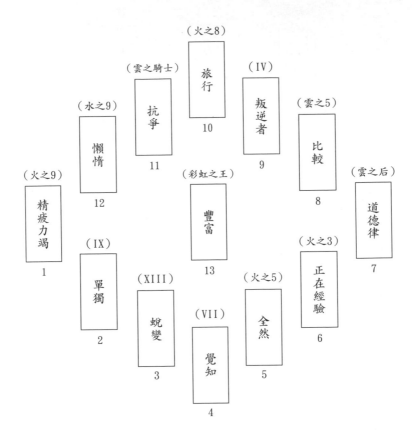

提示：

一張（精疲力竭）的牌在一般看法的位置上，他覺得好累，對上忠告靜心位置的（懶惰），這讓你聯想到什麼？（叛逆者）它的忠告牌是（比較），顯示它的動機來自向別人證明和凸顯自己，所以它的能量就不是那麼正向了。如果這股能量使用在

關係位置上的（道德律），那麼這把劍可能就太利了，對內傷己，對外傷人。

第一層面

十三號牌綜觀，豐富 — 自信、具足內外在的力量：在工作上，他內在有能力，外在有才幹，並對自己辦事的能力有自信。

第二層面（魚頭）

一號牌一般看法，精疲力竭 — 能量被榨乾了：他以疲累來看待他的人生與工作。

九號牌頭腦，叛逆者 — 獨立、以自己的方式走自己的路：他覺得自己是獨立的，有主見的並且以他覺得對的方式在做事。

八號牌新的觀點，比較 — 比較：他的獨特性是建立在向別人證明自己的基礎上，來凸顯自己的價值與不同。而為了證明自己，他又會不斷地催促自己，所以我們就可以了解為什麼一號牌他覺得累了。

結論：在工作上，他透過跟別人的比較（比較）來凸顯自己的獨特並以此來證明自己的能力和價值（叛逆者），難怪他會精疲力竭（精疲力竭）。

第三層面（魚身）

在這個層面上，只有一張負向牌（道德律）在主要關係的位置上。

七號牌主要關係，道德律 — 框架、內在法官、執著：他執著於某種道德律來約束自己，也許這一把尺，也伸向別人。

五號牌性能量，全然 ― 專一：在與別人的連結上，他很專注在道德的議題上。或在與人的連結上，他有很強的能量走向單一目標。

二號牌溝通與連結，單獨 ― 以自己的方式走自己的路：他以自己的模式與別人溝通與連結，這跟9號牌同屬性。

三號牌工作，蛻變 ― 改變：在工作上，有改變在發生。或許他隱約知道自己的問題而有所改變。

六號牌身體，正在經驗 ― 放下舊有的認知，重新體驗：身體因著一般看法的（精疲力竭）和工作上的（蛻變）而有所轉變了。從這個位置反映出他有可能覺知到自己的問題，而不再催促自己。

四號牌內在的自己，覺知 ― 清楚的：他覺知到外在的發生，跟自己的模式有關，所以才引發在工作位置上的（蛻變）和身體的（正在經驗）。這個覺知正好可以引導他去練習十號牌給他的建議。

結論：他覺知到（覺知）自己強烈的（全然）道德感（道德律），並堅持要走自己的路（單獨），常讓他在工作上與主管有摩擦而願意調整自己（改變），不再那麼衝撞主管（正在經驗）。

第四層面（魚尾）

十號牌高峰經驗，旅行 ― 過程重於目標：在工作上，不要急於達成目標，而是要常常停下腳步，問自己，我在哪裡？我在做什麼？這個練習能加深他覺知到九和七號牌的舊有模式。覺知只能在當下這個片刻發生，覺知他是帶著什麼樣的品質在工作。有覺知才能停止無意識的作為。

十一號牌心靈訊息，抗爭 — 對立：在工作上，如果抗爭並不能帶給他和其他人利益，那麼，他就要去看這個抗爭對他的意義是什麼？它或許能帶給他力量的感覺，但它不是真正的力量，它只是力量的一部分，真正的力量是剛柔並濟。這也是目前13號牌他正在學習的力量（豐富）並讓它趨於成熟。

十二號牌靜心，懶惰 — 不再投注能量：真正的力量是陰陽的平衡，所以，不要再投注能量在陽性力量上，他才有空間去學習什麼是陰性力量。

總結：目前他正在學習什麼是力量（豐富）。真正的力量無須透過跟別人比較（比較）來凸顯自己的能力（叛逆者），催促自己並向別人證明自己的方式已經讓他覺得累了（精疲力竭）。他知道（覺知）在工作上他需要做改變（蛻變），不能以自己的方式（單獨）強烈的（全然）是非判斷（道德律）來衝撞他的主管（正在經驗）。在工作過程中，他需要常常停下腳步問自己，我在哪裡，我在做什麼，而不是急忙於工作目標（旅行）。處在當下的覺知才能掙脫無意識的行為（抗爭）。當他是覺知的，正向的行為會被加深，負向的行為將會消融（懶惰）。

　　以上，我們可以看到第四組跟第二組的訊息是互相呼應的。這是使用複合式解牌法的好處。

　　案例三：案主是課程學員，嫁給一位非常愛她的先生，婆婆比親媽對她更好，但她有一位受日本教育，男尊女卑觀念的公公。對於她的噓寒問暖不太搭理。她想問要如何與公公相處。

　　提問：要如何與公公相處？

　　這個問題所抽出的牌：1.接受性2.正在經驗3.全然4.成功5.改變6.傻瓜7.局外人8.政治手腕9.慢下來10.頭腦11.再生12.封閉13.重擔。

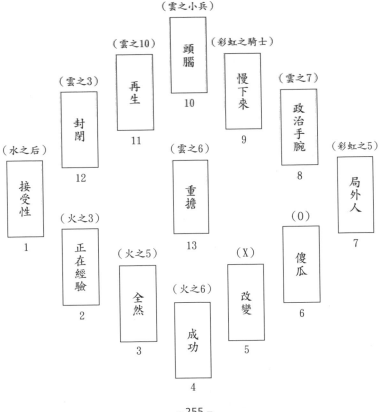

提示：
忠告全是頭腦牌，顯示需要在觀念上做轉變。主要關係的位置是困難牌（局外人），還有綜觀上的（重擔），雖然她跟公公在關係上是困難的，但從內在的自己（成功）和身體的（傻瓜）都可以看出她還是很做她自己。

第一層面
十三號牌綜觀，重擔 — 負擔、壓力：與公公的相處，對她而言是一種壓力。

第二層面（魚頭）
一號牌一般看法，接受性 — 順從：在家中，婆婆跟丈夫都是順從公公的，所以她也隨順。
九號牌頭腦，慢下來 — 慢慢來：跟公公的關係，她想要慢慢的來改善。
八號牌新的觀點，政治手腕 — 圓融：其實跟公公的相處，方法可以更圓融一些。

結論：夫家對公公的順從是家裡的潛規則，她也隨順（接受性），但她只是被動地配合（慢下來），其實對待公公的方式可以更圓融一些（政治手腕）。

第三層面（魚身）
七號牌主要關係，局外人 — 困難的：她覺得與公公的關係有一道不可跨越的牆，不知道如何解決。
五號牌性能量，改變 — 改變：目前她正在嘗試改變。
四號牌內在的自己，成功 — 沒有問題的：這件事並沒有造成她太大的困擾。

六號牌身體，傻瓜 — 自由與空間：雖然不知道如何與公公相處，但在家裡，她身體的能量沒有因此而受到壓抑和侷限。

三號牌工作，全然 — 專注：在工作上，她很專注。

二號牌溝通與連結，正在經驗 — 放下舊有的認知，重新體驗：她放下舊有對公公的想法，並想知道禪塔羅可以給她什麼建議。

結論：她覺得與公公的關係是困難的（局外人），她有做一些改變（改變），但並沒有好的回應。雖然如此，她並沒有受到太大的影響（成功）而且也勇於做她自己（傻瓜）。

第四層面（魚尾）

十號牌高峰經驗，頭腦 — 烏煙瘴氣的頭腦：頭腦有很多的思緒，障礙她去看真相的能力。

十一號牌心靈訊息，再生 — 更高的觀點：她需要移開那烏煙瘴氣的頭腦，以一個更高的觀點來看她的公公。有時對人的冷漠是他的防衛機制，或許他內在有一顆受傷的心，或是其他種種的原因。我們很容易以外在的行為來評斷別人而沒有去了解行為背後的原因。

十二號牌靜心，封閉 — 封閉：不要因為公公沒有搭理她，就封閉自己，凍結自己與公公能量的流動，這對雙方都沒有益處。

總結：與公公的相處，她感到有負擔（重擔），但也順從夫家的規矩（接受性）而且她也想要慢慢來改善與公公的關係（慢下來）。其實對公公的態度可以更圓融一些（政治手腕）。她也想要改變（改變）。雖然與公公的相處感到困難（局外人），但她還是很做她自己（成功、傻瓜）。

　　因為十三張牌只能看到自己，不能看到對方，所以我們加抽四張關係牌來看對方的狀況。

第二組：1.豐富2.源頭3.耐心4.叛逆者。

第一張頭腦　第二張忠告　第三張結果　第四張關係人

提示：
媳婦的個性是自信與力量（豐富），公公的個性是做自己（叛逆者），兩者都是很做自己的人。

第一張牌頭腦，豐富 — 自信與力量：面對公公，她是有自信與力量的。
第二張牌忠告，源頭 — 大我、源頭：台語有句話：「吃水果，要拜樹頭」。如果沒有她公公，她就不可能嫁給這麼好的先生，基於這一點，她就要對她公公感恩。
第三張牌結果，耐心 — 耐心：對公公的孝養要有耐心跟體諒與包容。
第四張牌關係人，叛逆者 — 獨立、以自己的方式做事：公公以他自己的方式生活並非刻意針對媳婦。

總結：面對公公，她是有自信的做她自己（豐富），但無論如何，凡事都有源頭，她應該感恩公婆給她這麼好的丈夫（源頭），有感恩心就能生出耐心，願意去了解並體諒她公公的行為（耐心）。

附錄一

每一張牌的「牌義」

主牌

師父 ： 對師父的教誨依教奉行

0. 　傻瓜：信任聖賢的教誨、信任、自由、自發性、給自己
　　　　　　空間、天真

I. 　　存在：「在」、大我、整體、源頭

II. 　　內在的聲音：直覺、通靈、內在的「知」、敏感

III. 　創造力：作為、溝通、身口意的作為、創造性的作為

IV. 　叛逆者：探尋真理者、以自己的方式走自己的路、做自
　　　　　　己、單獨、反省

V. 　　空：不執著、能觀的智慧、不計較

VI. 　愛人：在愛中學習、在關係中學習、在關係中各司其職

VII. 　覺知：警覺、清楚的、明白道理的

VIII. 勇氣：勇氣、勇於成為自己、努力

IX. 　單獨：獨立、用自己的方式走自己的路、反省、孤獨、
　　　　　　單獨

X. 　　改變：改變要從（因）下手

XI. 　突破：破除習性的樊籬、打破限制

XII. 新的洞見：從生活經驗中學習而來的智慧、從痛苦中學
習、從過去的苦難中，記取教訓

XIII. 蛻變：改變、成長

XIV. 整合：調整、改變、平衡、本性和習性的整合、消化

XV. 制約：限制、阻礙、童年的制約模式

XVI. 雷電：清理舊有的模式來蛻變、摧毀舊有的頭腦模式，
以便達到更深的真理、混亂

XVII. 寧靜：寧靜、不受打擾的、清楚的

XVIII.前世：前世、因果的輪迴、來自前世業力的影响

XIX. 天真：天真的、遊戲的心情、不嚴肅的、再次擁有孩童
般的品質

XX. 超越幻象：不被假象蒙蔽而能看清真相、只去看那個
「真」的，不去看那個「假」的

XXI. 完成：完成、一個循環的結束、自然的結果、了解

副牌牌義

火之王 — 創造者：具有創造性的、身口意的作為，善用資源
和能力去達成
火之后 — 分享：表達和分享、給予、付出
火之騎士 — 強烈：強烈、專注、持續、在一個焦點上前進
火之小兵 — 遊戲的心情：不要把事情看的太嚴肅、把歡樂帶
進來

火之么 ── 源頭：源頭、作為、很強的能量、你的作為要先想到整體的利益

火之2 ── 可能性：在將了解與未了解之間、將可能經驗到或了解到⋯，可能會發生的

火之3 ── 正在經驗：以不同觀點看人事物、慢下來，停止機械化的反應、找到新的觀點、新的方式、放下舊有的認知，重新體驗

火之4 ── 參與：加入、付出和接受

火之5 ── 全然：專注、專一、在一個時間，只做一件事、投入

火之6 ── 成功：成功、處於順境中、沒有問題的

火之7 ── 壓力：壓力

火之8 ── 旅行：旅行、過程就是目標、移動、改變

火之9 ── 精疲力竭：能量耗盡了、體力透支

火之10 ── 壓抑：能量卡住了、被壓抑的能量、受阻的能量

水之王 ── 治療：治療、坦露受傷且脆弱的自己以便得到治療、拿掉虛假的自己、懺悔改過是治療的第一步

水之后 ── 接受性：敞開、敏感的、易受傷的、接受、隨順、柔軟、受害者

水之騎士 ── 信任：信任聖賢的教誨、信任因果、在懷疑中信任

水之小兵 ── 了解：限制、你的執著就是你的牢籠、達到真知所需要的了解

水之么 ── 順著流走：成為沒有選擇的，對生命說「是的」、接受命運是改變命運的第一步

水之2 ── 友誼：友善、不依附的連結、對感情不執著、帶著自由的愛、在關係中是獨立的

水之3 — 慶祝：慶祝、歡樂，對一切事物心存感激

水之4 — 轉入內在：往內看、反省、反思、觀照、利用外在
　　　　　　的發生來作自我的成長

水之5 — 執著於過去：執著

水之6 — 愛情夢：欲望、夢想、愛的制約模式、幻想

水之7 — 投射：成見、外在是你內在自己的投射、你創造出
　　　　　　你的實相

水之8 — 放手：放手、放下、放下執著

水之9 — 懶惰：沒有能量、負向、休息一下再出發

水之10 — 和諧：因了解而來的接受、身心和諧、心跟頭腦的
　　　　　　和諧需由智慧來引導、學問深時意氣平

雲之王 — 控制：執著、占有、控制、對立、採取必要的措施

雲之后 — 道德律：良知良能、規矩、你的內在法官、五倫十
　　　　　　義、法律、執著、框架

雲之騎士 — 抗爭：對立、抗爭、應對

雲之小兵 — 頭腦：錯誤的見解、混亂、焦慮、烏煙瘴氣的頭
　　　　　　腦

雲之么 — 意識：觀照、看、不涉入、清楚的、有意識的

雲之2 — 精神分裂：混亂、不清楚、矛盾、搖擺不定

雲之3 — 封閉：因受傷而關閉自己、冷漠、退縮

雲之4 — 延緩：逃避、延緩、事緩則圓

雲之5 — 比較：比較、競爭、不同的

雲之6 — 重擔：有負擔的、錯誤的觀念跟認知、創傷、承擔
　　　　　　不屬於自己的責任、受害者、壓力

雲之7 — 政治手腕：多變的頭腦、討好、迎合、虛假、策
　　　　　　略、搖擺不定、圓融

雲之8 — 罪惡感：罪惡感、指責別人並指責自己、犯錯而責
　　　　　　　　　備自己、自我否定、負向、良性罪惡感和
　　　　　　　　　惡性罪惡感不同

雲之9 — 憂傷：憂傷、悲觀、痛苦、挫折、憤怒

雲之10 — 再生：更大的視野、更高的觀點、新的想法或看
　　　　　　　　法、新的觀點

彩虹之王 — 豐富：自信、具足內外在的力量、感恩的心是富
　　　　　　　　　足的心、分享

彩虹之后 — 開花：分享、給予、享受每一件事

彩虹騎士 — 慢下來：慢下來

彩虹小兵 — 冒險：依聖賢教誨而循理而行、冒險

彩虹之么 — 心智圓熟：智慧、知識透過落實而變成智慧、成
　　　　　　　　　　熟

彩虹之2 — 一個片刻接著一個片刻：自發性、更新、一個片
　　　　　　　　　　　　　　　　刻接著一個片刻生活、
　　　　　　　　　　　　　　　　活在當下

彩虹之3 — 引導：借用古聖先賢的智慧來引導你、直覺、與經
　　　　　　　　典相應的引導才能採用、幫助、內在的知

彩虹之4 — 守財奴：慳吝、保護、執著

彩虹之5 — 局外人：被排斥的、不得其門而入、挫折的、困
　　　　　　　　　難的

彩虹之6 — 妥協：接受、協商、妥協

彩虹之7 — 耐心：耐心等待

彩虹之8 — 平凡：務實；道在平常，平常是道、真實、平
　　　　　　　　凡、自然、在日常生活中......

彩虹之9 — 時機成熟：正是時候、自然會發生的

彩虹之10 — 四海一家：一體性、由一體性而生起的同理與慈
　　　　　　　　　　悲、全體、全球、群體

附錄二
「奧修禪塔羅」與「直覺式塔羅牌」相似牌義的 參考與援用

主牌

奧修禪塔羅	直覺式塔羅牌
傻瓜	傻瓜
內在的聲音	女祭師
創造力	賢者
叛逆者	權杖9－內在的力量
空	調整
愛人	愛人
勇氣	權杖7－英勇
單獨	隱士
改變	金幣2－改變
整合	藝術
制約	聖杯2－愛
雷電	塔
完成	宇宙

副牌（火牌）

創造者	金幣3－工作
強烈	權杖騎士
遊戲的心情	聖杯6－歡樂
全然	主牌－慾
成功	權杖6－勝利
精疲力竭	聖杯8－怠惰
壓抑	權杖10－壓抑

副牌（水牌）

接受性	聖杯皇后
信任	主牌－星星
順著流走	權杖公主
友誼	聖杯公主
慶祝	聖杯3－富足
轉入內在	權杖皇后
愛情夢	聖杯王子
懶惰	聖杯8－怠惰

副牌（雲牌）

道德律	金幣4－控制的力量
頭腦	寶劍公主
精神分裂	寶劍8－干擾
罪惡感	寶劍9－殘酷
憂傷	寶劍3－憂傷
再生	主牌－永恆

副牌（彩虹牌）

一個片刻接著一個片刻	金幣10－財富
局外人	權杖5－爭吵
妥協	寶劍4－休戰
耐心	金幣公主

備註：直覺式塔羅牌就是克勞力、托特塔羅牌

附錄三

世間七事不齊皆由心造 — 主牌「改變」的補充資料

世　間　七　事　不　齊　皆　由　心　造

壽短　願他身死。殺害眾生。建造淫祠

壽長　憐憫一切。戒殺放生。寧靜惜福

多病　惱害眾生。不卹病苦

少病　禮拜三寶。惠施醫藥

醜陋　瞋恚鬥諍。遮佛光明。笑人醜陋

端正　忍辱柔和。修造佛像。以食施人

無威德　他物生妒。不能修福

有威德　不懷嫉妒。誠信不欺

卑賤　驕己凌人。負他財務。薄視僧尼

尊貴　信奉三寶。力行善事。處己謙和

貧窮　慳吝不施。常行竊盜。不負他財

富饒　性喜惠施。

惡智　親近惡人。讚揚惡法。各法不說

善智　修習智慧。親近沙門。受持正法

摘自「安士全書」

附錄四

如何計算你的制約數字 — 主牌「制約」的補充資料

把出生月日相加至個位數，例如1月23日出生，1+2+3=6（制約數字6）；又12月29日出生，1+2+2+9=14，雙位數時，再相加成個位數，1+4等於5（制約數字5）。

1~9制約數字的主要問題和表現行為：

制約數字1.

主要問題：缺乏自我價值和自信。
可能表現的行為：目標導向、需要做什麼來證明自己、保持忙碌、獨立或反依賴、擅於競爭。

制約數字2.

主要問題：依賴。
可能表現的行為：需要與反應、個人的涉入、避開衝突、害怕不適合、受害者。

制約數字3.

主要問題：表達、外向的能量。
可能表現的行為：情緒化、需要得到注意、講太多話、取悅者、不知道自己想要什麼、注重外表、把精力放在過多的社交與玩樂而消耗能量。

制約數字4.

主要問題：安全。
可能表現的行為：安全導向、很難放鬆下來、固定和僵硬、難題導向、自我規範、身體問題、不實際、保持忙碌。

制約數字5.

主要問題：恐懼。
可能表現的行為：害怕處在自己的能量裡、能量卡住、空間和性的問題、沈溺於某些行為。

制約數字6.

主要問題：判斷（二元對立）。
可能表現的行為：被制約的愛和給予、期望、罪惡感、有關責任義務和道德的問題、抱怨、必需做對的事。

制約數字7.

主要問題：很用頭腦。
可能表現的行為：需要了解或是有答案、害怕不知道、陷在頭腦裡、看重理智輕忽經驗、單獨的問題、孤僻、人際障礙、為了學習而學習。

制約數字8.

主要問題：控制。
可能表現的行為：追逐權力、濫用權力、金錢的議題、權威、因害怕失敗而有很強的控制慾、工作狂、陰陽力量的失衡、操控、慾望的展現。

制約數字9.

主要問題：界線。
可能表現的行為：需要被需要、不知如何設界線、不容易拒絕別人、照顧別人而忘照顧自己、信任的議題、執著與放手、慈悲與界線。

節錄自「制約數字」

感念師父與老師的恩澤

古人云：「天不生仲尼，萬古如長夜」。我如果沒有遇到恩師，我的人生將如盲人一樣，在黑暗中獨自摸索。

感謝奧修師父在心靈上不斷的啟發我並帶給我奧秘經驗，讓我知曉我是比肉身體更大的存在。每當我陷入泥淖，師父的話語總令我感到清涼並幫助我走出困境。

感謝淨空老法師的循循善誘，他說學佛是人生最高的享受；佛經哲學是全世界哲學的最高峰。並提醒我，修行要有成就一定要紮根，儒家的根在「弟子規」，道家的根在「太上感應篇」，佛家的根在「十善業道經」。

感謝周泳杉老師，教我論語和安士全書，引發我對「四書」的興趣並奠定了佛學的基礎。

感謝某位善知識幫適惠校對，免於因錯下一個字轉語而誤人因果。

最後感謝在生命道路上幫助過我的人及感謝陳君如同學的打字。

感念曼格拉（**Mangala Billson**）

　　跟多數西方治療師一樣，曼格拉是被奧修師父的話語所吸引，來到印度奧修社區學習，直到奧修師父離世，她才離開印度，開始世界巡迴教學。因此我有機會跟很多西方治療師學習，曼格拉是其中之一，她是教我直覺式塔羅牌和生命靈數的老師。

　　這本書可以完成，完全建立在曼格拉教我直覺式塔羅牌的基礎上。書中很多的構思都源自「直覺式塔羅牌」一書，尤其是牌陣，它是獨一無二的，在其他書上找不到，因它們是特別為提升意識所設計的。我也參考援用了「直覺式塔羅牌」中與「奧修禪塔羅」有相似牌義的解說。

　　最後，如果曼格拉有機會再回到地球來學習塔羅牌，我希望她能看到我把儒學與佛法加入她教我的基礎上，並以此來紀念她。

感謝學員的案例

感謝來上奧修禪塔羅課程的學員們。因為有你們的參與，才有這些案例可以分享，也才有這本書的誕生。感謝你們對團體及Agyana的信任，願意在課堂上把自己的問題坦露出來，讓團體中的每一個人能透過問題及使用禪塔羅來學習解讀。學員們之間的坦誠分享也讓團體中的每一個參與者在信任與開放的態度中受益。

同時，也為了保護個人的隱私，在案例中的每一位當事者一律以案主來做簡稱。案主背景的介紹，同時考慮到案主的隱私與讀者的利益下，在背景的介紹上，以不顯露人事物的具體特徵下，只描述與主題有關的要素，這同時也讓讀者在讀牌中能感同身受案主的經歷或狀況，以利讀者能了解禪塔羅是如何反應出我們有意識頭腦所認為的，及禪塔羅所給出的真理或方向。這本書是屬於你們的，只不過是透過我把它們寫出來。所以如果有讀者被這些案例所觸動或啟發，那是因為你們的分享而產生的共鳴，那是你們的功勞。在課程中，你們所給予我的比我所給予你們的還要多更多，你們教導了我許多事情。在此獻上我的感恩和祝福。

課程簡介

直覺式塔羅牌(克勞力、托特塔羅)教學

課程介紹：

　　塔羅牌是一種古老的工具，以顏色，圖象來傳達訊息。你可透過學習這些顏色與圖象來了解它們所含藏的意義。你也可以使用塔羅牌來探索自己或了解你與他人在工作上、人際關係或婚姻等等的問題，以及塔羅牌要給予你的訊息。塔羅牌是助人助己的實用工具。透過課程的引導，讓你快速的學會讀牌，打開你的直覺力，你將發現你從來不知道你所擁有的才能與天賦。

課程目標：

揭開神秘的塔羅，直驅真理的殿堂。

課程內容：

初階：解說每一張主牌的圖象所代表的意義和牌的含義。
進階：解說每一張副牌的圖象所代表的意義和牌的含義。
高階：如何提問問題（有時讀牌的困難，在於你不知如何
　　　提問）及如何解牌。
牌陣：三張牌、四張關係牌和十三張牌解讀法。

課程時數：

初階、進階、高階各12小時。書籍材料自備或可代購。

奧修禪塔羅

活出禪宗的智慧

課程介紹：

奧修禪塔羅將禪宗的智慧融入塔羅牌的架構裡，當你在使用它時，便是在學習以禪宗超凡的智慧來生活。奧修認為禪宗是東方內在科學最偉大的發現。「簡單」是禪宗的精神，「當下」是禪宗的精髓，活的簡單就是「幸福」，活在當下就是「智慧」。

課程目標：

你將學習奧修禪塔羅每一張牌所富含的意義，包括圖象解說和牌的含義。透過課程，你能夠將禪宗超凡的智慧帶入你的生活中，並使用它來協助你看清真相，穿越頭腦的烏雲，直入明心見性的內在智慧。

課程內容：

一、 了解每一張牌的圖案、顏色所代表的意義及透過舉例來了解牌的深義。

二、 透過每一張牌的含義來了解奧修思想。

三、 奧修禪塔羅與直覺塔羅牌的相異處。

四、 學習使用禪塔羅來洞察自己與幫助別人。

課程三階：

初階： 解說每一張主牌的圖象所代表的意義和牌的含義。

進階： 解說每一張副牌的圖象所代表的意義和牌的含義。

高階： 如何提問問題（有時讀牌的困難，在於你不知如何提問）及如何解牌。

課程時數：

初階、進階、高階各12小時。書籍材料自備或可代購。

生命靈數

從數字了解你自己的特質

課程介紹：

生命靈數以出生日期為計算基礎，它顯示了個人心靈成長的歷程、靈魂的渴望、深根交纏的親密關係中深層的慾望、此生的目的（最困難的功課也是你此生降臨的目的）、各階段要學習的課題和將面臨的難題。生命靈數是你讀取你個人豐富資訊的資料庫，協助你找到你自己的藏寶圖。生命靈數所論及的是有關於潛能及潛意識。了解你潛意識運作的方式，可免於一再重複業的模式（制約）。生命靈數將呈現出你要前進的方向及潛能，而是否學習到這些功課，完全取決於你。

課程內容：

一、 了解你自己的特質和身邊人的行為模式。

二、 了解每一個生命靈數的潛能及難題。

三、 你的生命地圖 ── 人生展開的走勢圖。

四、 前世業力的影響。

五、 相合及相沖數字。

六、 表現數字：你的才能和適合的工作。

　　　成熟數字：你最終的歸宿。

　　　靈魂驅策力：驅動你的元素。

　　　個人面具：社交模式。你展現給社會的方式。

課程內容：12小時

版權頁

作者：鍾適惠（Deva Agyana）

校對：善知識、鍾適惠、鄭妍馨

出版者：鍾適惠　804309高雄市鼓山區美術北三路233號8樓

電話：0936-407-824

Email：agyana0936407824@gmail.com

網站：https://agyana0936407824.pixnet.net

購書請洽：Line：@039tgjlm

設計、排版：重啟有限公司

印刷所：一揚數位彩色印刷

代理經銷：白象文化事業有限公司　401台中市東區和平街228巷44號

電話：(04)2220-8589　傳真：(04)2220-8505

初版：2023年12月

版權所有，歡迎流通

ISBN：978-626-01-1770-2

定價：新台幣350元

大陸地區，課程聯絡人：姬娜　微信／電話：13006858886

書中如有未盡完善或疏誤之處，敬請海涵並不吝指正，感恩！

國家圖書館出版品預行編目（CIP）資料

奧修禪塔羅活用術，助人助己的實用工具：
附十七個真實案例解說／
鍾適惠（Deva Agyana）作. — 初版. — 高雄市：
鍾適惠,2023.12
面；公分
ISBN 978-626-01-1770-2（平裝）

1. CST：占卜

292.96

112016064